中国有色金属工业协会专家委员会组织编写

有色金属系列丛书

中国铌业

北京
冶金工业出版社
2015

内容提要

全书共分九篇，力争用较少的篇幅，尽量全面地介绍铌工业涉及的各个方面，除了介绍铌工业的发展过程、铌的基本性质和用途外，重点阐述了铌的资源与开发、生产工艺和技术、技术进步与创新、全球铌的工业生产与市场消费。此外，还介绍了铌资源的综合利用、“三废”治理、钽铌行业相关组织等方面的情况。

本书简明扼要，深入浅出，适合关注、从事铌工业的社会各界人士阅读。

图书在版编目（CIP）数据

中国铌业/中国有色金属工业协会主编．—北京：冶金工业出版社，2015.6

（有色金属系列丛书）

ISBN 978-7-5024-6936-8

Ⅰ.①中…　Ⅱ.①中…　Ⅲ.①铌—有色金属冶金—冶金工业—中国　Ⅳ.①F426.32

中国版本图书馆 CIP 数据核字（2015）第 130766 号

出 版 人　谭学余
地　　址　北京市东城区嵩祝院北巷 39 号　邮编　100009　电话　(010)64027926
网　　址　www.cnmip.com.cn　电子信箱　yjcbs@cnmip.com.cn
责任编辑　张熙莹　美术编辑　彭子赫　版式设计　孙跃红
责任校对　李　娜　责任印制　李玉山
ISBN 978-7-5024-6936-8
冶金工业出版社出版发行；各地新华书店经销；三河市双峰印刷装订有限公司印刷
2015 年 6 月第 1 版，2015 年 6 月第 1 次印刷
148mm × 210mm；6.25 印张；123 千字；180 页
28.00 元

冶金工业出版社　投稿电话　(010)64027932　投稿信箱　tougao@cnmip.com.cn
冶金工业出版社营销中心　电话　(010)64044283　传真　(010)64027893
冶金书店　地址　北京市东四西大街 46 号(100010)　电话　(010)65289081(兼传真)
冶金工业出版社天猫旗舰店　yjgycbs.tmall.com
（本书如有印装质量问题，本社营销中心负责退换）

《有色金属系列丛书》
编辑委员会

《中国铌业》编辑委员会

序

为适应有色金属工业发展的需要，普及和提高有色金属知识，提升全国有色金属战线广大干部职工的思想业务素质，促进我国从有色金属生产大国向有色金属工业强国的转变，中国有色金属工业协会组织编写了《中国铜业》等《有色金属系列丛书》（共23本）。《丛书》集中了全行业的智慧和力量，汇集了当今中国乃至世界有色金属领域的最新知识和信息，深入浅出，通俗易懂，融知识性、实用性为一体，是社会各界学习和提高有色金属知识的好教材和实用工具书。

有色金属是经济社会发展必不可少的基础材料和重要战略物资。有色金属作为功能材料和结构材料而广泛应用于人类生活的各个领域，成为当今高新技术发展和国防军工的重要支撑。有色金属的生产和消费水平已经成为衡量一个国家社会进步的重要标志。

中国是生产有色金属品种最全的国家，门捷列夫化学元素周期表中的64种元素的有色金属都能生产。中国是世界生产和消费有色金属最多的国家，到2011年十种有色金属产量已达3438万吨（快报数），连续10年位居世界第一，年消费有色金属已达3580万吨以上，连续9年位居世界第一。目前全国已有有色金属企业、事业单位3万多家，就业人员360多万。

有色金属涵盖的金属品种多。在元素周期表中，除了黑色金属铁、锰、铬，锕系和超锕系放射性金属元素外，余下64种都为有色金属元素。有色金属成矿条件复杂，矿床类型多样，矿体形态变化大，元素组合多样，勘探难度大，而且需要综合勘探、综合评价。有色金属结构复杂，多种矿物相嵌共伴生关系密切，选矿和冶炼的技术、装备复杂，工艺流程长。有色金属应用领域广，用途千差万别，材料的研制和加工复杂。有色金属元素在原矿中含量低，富集比都在几十、几百、几千甚至几万以上，导致在采矿、选矿和冶炼过程中固体废物多，节能环保压力大，工艺技术复杂。综合上述不难看出，有色金属产业是固体矿产资源开发利用领域最复杂的产业，有色金属知识领域宽广、博大精深。

建设现代化的有色金属工业强国是全行业360多万职工为之奋斗的目标。我相信，《丛书》的出版发行，对增进全社会对有色金属工业的了解，推动全行业广大干部职工学习和掌握有色金属知识必将发挥积极重要的作用。让我们行动起来，为促进我国有色金属工业的持续、稳定发展，为实现有色金属工业发展的既定目标而奋勇前进。

中国有色金属工业协会会长

2012年8月于北京

前　言

铌自 1753 年被发现以来，直至 20 世纪初（1903 年）才被应用在工业上。在钢中添加少量的铌就可以极大地改善钢的性能，特别是添加铌后，不锈钢的焊接性和低合金钢的热强度、屈服强度、抗拉强度和韧性都有明显的改善，这最终导致了铌在钢铁行业方面的需求不断扩大，目前钢铁行业约占全世界铌消耗总量的 80% 以上。第二次世界大战期间，美国最先大量用含铌高合金钢和耐热合金制造喷气式发动机和叶片，从而推动了铌应用的发展。铌工业的蓬勃发展是第二次世界大战后随军事技术和高新技术的发展而发展起来的。

铌在其他领域的应用，如超导、光学、电工、电子等方面只不过是最近的事情。目前这些领域只占铌金属用量中的一小部分，但未来它可能是最有潜力的应用领域。

我们在收集和整理了国内外大量资料和信息的基础上，综合编写了本书，力争用较少的篇幅，尽量全面介绍铌工业涉及的各个方面，除了介绍铌工业的发展过程、铌的基本性质和用途外，重点阐述了铌的资源与开发、生产工艺和技术、技术进步与创新、全球铌的工业生产与市场消费。此外，还介绍了铌资源的综合利用、“三废”治理、钽铌行业相关组织等方面的情况。

全书共九篇，由中色（宁夏）东方集团有限公司李彬、赵海田、韩如旭、吴红、刘永生、王海花编写。其中第一篇和第四篇由李彬、韩如旭编写，第二篇和第六篇由韩如旭和赵海田编写，第三篇由李彬、王海花和赵海田编写，第五篇和第九篇由赵海田编写，第七篇由赵海田和吴红编写，第八篇由刘永生编写。全书由李彬统稿，李宴武审阅。

在本书的编写过程中，得到了中国工程院何季麟院士的关怀和指导，中色（宁夏）东方集团有限公司科技部、宁夏东方钽业股份有限公司市场部和技术部、宁夏有色金属进出口公司、中国有色金属工业协会钽铌分会的相关人员为本书的编写提供很多的帮助和建议，在此对他们给予的无私帮助表示衷心的感谢。

本书可供从事稀有金属冶金生产、研究开发和应用的管理部门人员，对铌工业感兴趣的各级领导、商贸人员、市场分析人员等相关人士参考，也可供从事钽铌生产的工人、技术人员及大专院校学生参考。

由于编者水平所限，书中不足之处，敬请读者批评指正。

编　者
2014年10月

目　　录

第一篇

铌 业 概 论

铌是元素周期表 V_B 族第 5 周期元素，元素符号为"Nb"，原子序数为41，相对原子质量为92.90638，密度为8.57g/cm^3，熔点为2468℃。铌在有色金属中属于稀有高熔点金属，与钽相似。

第一章 铌元素的发现简史

17 世纪中期，在北美洲哥伦比亚河流域的美国康涅狄格州，人们发现了一种混有黄色云母矿且较重的矿石，另外，在西半球其他地方也收集到了相同的矿石样品。1753 年，康涅狄格州首任总督的家族将该矿物赠送给了英国博物馆，它被当做铁矿石样品装在玻璃容器中存放了近 150 年。1801 年，英国化学家查尔斯·哈切特（Charles Hatchett）对这些漂亮的矿石产生了兴趣并对它们进行了分析，发现它除了含铁、锰和氧之外，还含有另外一种未知元素，在测试该未知元素时它形成了一种具有氧化物性质的物质，哈切特把该元素命名为"钶"。钶与第二年瑞典科学家安德鲁斯·埃克伯格（Andres Ekeberg）发现的钽（tantalum）元素非常相似，它们就像一对化学孪生子。当时由于认识不同，许多科学家对它们是否是同一种元素进行了无休止的争论，大部分认为这两种元素就是同一种物质——钽（Ta），但争论仍然持续了40多年，直到1844年德国科学家海因里奇·洛斯（Heinrich Rose）成功地证明了钶是一种与钽不同的元素。鉴于两种元素有着非常明显的联系，洛斯将元素钶重新命名为铌（niobium）。这个名字来源于奈奥比（Niobe）——希腊神话中丹达罗斯（Tantalus）的女儿、悲哀女神的名字，而安德鲁斯·埃克伯格在1802年命名钽元素时就源于希腊神话中丹达罗斯的名字。

1949年，国际理论与应用化学研究会（IUPAC）命名委员会向全世界发出倡议，倡议将该元素称做铌（Nb），随后该名称开始出现在美英的化学文献上。

第二章　铌工业发展简史

1866年，瑞士化学家马里拉克（J. C. Galissard de Marignal）成功地研发出了第一种工业分离钽、铌这两种孪生金属的方法。该方法的原理是利用两种金属的某些化合物的溶解度不同：氟氧钽酸盐不溶于水，而铌的相同化合物却溶于水，并且首次用氟盐分步结晶法成功将钽和铌分离开。最初，铌在工业上并没有什么应用。事实上当时本身也没有多少纯铌存在。据记载，高纯铌首先是由德国科学家凡·博尔顿（Von Bolton）在1905年制得的。工业用纯铌的大规模生产首先是由贝尔科（C. W. Balke）实现的。1907年凡·博尔顿成功地制备出了致密的铌。同年，铌的第一种用途被发现，由于它具有很高的熔点，科学家们试着将它作为闪光灯的灯丝材料，但它与另一些用于灯丝的金属最终都被钨取代了，试验并未成功。铌的综合性能如高熔点及易与其他金属构成合金的能力，引起了冶金学家们极大的兴趣，这种兴趣许多年来有增无减，今天冶金行业成为了铌最主要的应用领域。铌在该工业中的大量消耗是从发现在钢中添加少量的铌就可以极大地改善钢的性能（1903年）开始的，特别是添加铌后对不锈钢的焊接性和低合金钢的热强度、屈服强度、抗拉强度和韧性都有明显的改善，这最终导致了铌在钢铁行业方面的需求不断发展，目前该行业约占全世界铌消耗总量的80%。

1935年，科学家们开始考虑将铌作为超合金钢的重要成分用于制造气体涡轮机，这促使铌进入了战略金属的范畴。20世纪40~50年代，昂贵的价格和仅来源于钽生产的副产品，制约了铌的使用范围，使其仅应用于重要的战略性行业，其中最典型的就是用来制造高温超合金和奥氏体不锈钢。这一时期被认为是科学家们研究铌和铌的其他应用（除超合金和钢铁外）的重要时期。铌也被用在了火箭发射台上，从而扩展了该金属的使用范围。铌的发展史见表1-1。

表 1-1 铌的发展史

年 份	事 件
1801	查尔斯·哈切特发现该金属并命名为钶
1844	海因里奇·洛斯发现了它是另一种矿物组成元素并将其命名为铌
1865	Deville 和 Troost 证明钶和铌是同一种元素
1905	凡·博尔顿制备出高纯铌
1925	部分代替钨用于工具钢中
1933	铌用于不锈钢中改善其性能
1935	用贝尔科（C. W. Balke）的方法大量生产铌产品
1935	铌用于制造超合金
1949	IUPAC 将该元素命名为铌
1954	在加拿大 Oka 发现烧绿石矿
1957	铌作为微合金组成部分用于生产高强度钢
1958	在巴西阿拉克斯地区发现大型烧绿石矿
1958	用于大规模制造钢管，用作 HSLA（高强度低合金）钢的微合金添加剂
1970	作为铌催化剂而大量使用
目前	高纯度铌化合物的最新应用领域为声、光、电子等工业

铌发展史上一个重要的突破应归功于 20 世纪 50 年代几乎同时在加拿大（1954 年）和巴西（1958 年）发现了大储量的烧绿石矿。随着大量铌资源的发现以及欧洲、日本、北美众多科研机构对铌的科学研究，为铌的大量应用铺平了道路。铌在钢铁和超合金方面的作用并非不能被其他金属所替代，但研究表明铌在获得同样的使用效果时，在成本上最经济。铌在其他领域的应用，如超导、光学、电工、电子等方面是最近的事情，目前这些领域只占该金属用量中的一小部

分，但未来可能是最有潜力的应用领域。

对铌的需求主要可以分为两类：一类是从烧绿石精矿中直接制成的普通级铌铁；另一类是用来制造高性能合金产品的高纯级金属铌。

铌的发展历程是不平坦的。铌的工业产品大约是在20世纪30年代开始出现，当时全世界的年产量为4～5t。第二次世界大战期间，美国最先大量应用含铌高合金钢和耐热合金于喷气式发动机，稍后又用于制造喷气式发动机叶片，从而推动了铌应用的发展。第二次世界大战后随着军事技术和高新技术的发展，铌工业也蓬勃发展起来。至1950年，铌工业产品年产量较20世纪30年代增长了100倍，达到约480t。20世纪50～60年代微铌合金钢的应用范围不断扩大，铌的冶金产品出现了惊人的增长。在随后的20年里又进一步增长到了1970年的1万吨，增长了大约20倍。此后增长速度变得平缓，1988年含铌产品的产量为1.56万吨。图1-1

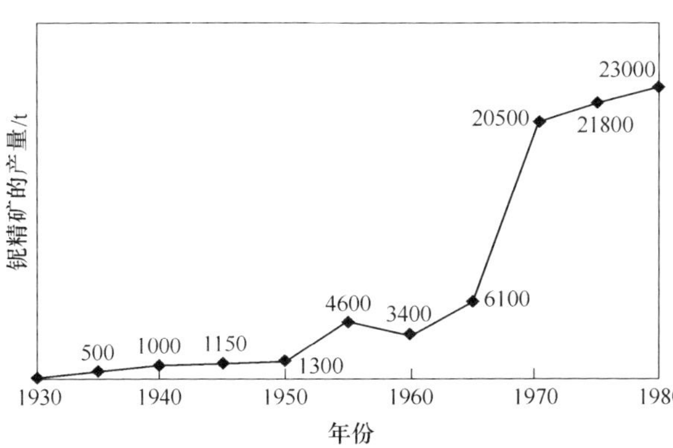

图1-1　1980年以前世界铌精矿的生产量

所示为1980年以前世界铌精矿的生产量，图1-2所示为20世纪80年代世界铌的生产量。

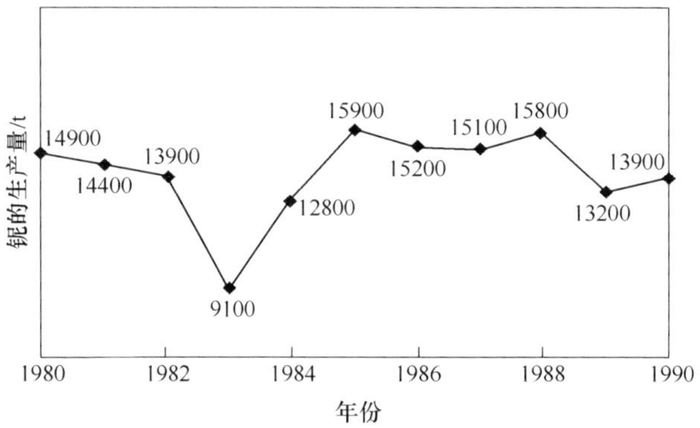

图1-2　20世纪80年代世界铌的生产量

由于铌的消费量与钢铁工业用铌产品的量密切相关，因此对铌的需求量呈周期性的变化，并与工业活动相联系。铌的地理区域消费特点是：北美、欧洲和日本分别占到了世界铌总消费量的41%、44%和12%。对纯铌来说，美国消费量占总消费量的约70%，日本占12%，西欧国家占其余部分。

第三章　中国铌工业发展历程

中国铌工业是随着钽工业一起发展起来的。近60年来，逐步形成了从采矿、选矿、冶炼、加工到应用的具有独立自主知识产权的较完整的工业体系。中国钽铌工业大体经历了三个发展阶段：

（1）初步创立期。1956～1964 年为初步创立阶段，主要体现在依靠自己的力量建立起研究单位和半工业实验车间，开展了钽铌分离的研究。

1952 年，新疆可可托海矿管处开始生产钽铌精矿。

1956 年 2 月，重工业部北京有色金属综合研究所（现北京有色金属研究总院）成立了钽铌冶炼工艺研究小组。

1961 年，株洲硬质合金厂建成钽铌分离湿法车间。

（2）工业化生产期。1965～1990 年为工业化生产阶段，主要体现在新疆、广西、广东、江西等省区钽铌矿山的建立，在宁夏、湖南、上海、广东、广西、江西等地陆续新建和扩建了一批冶炼厂或车间，实现了钽铌的工业化生产，基本满足国内的需要。

1965 年，从北京有色金属研究院分流人员，引进日本部分技术和装备，开始建设冶金部 905 厂（现中色（宁夏）东方集团有限公司）。1965 年，铌条车间投料试车，生产出第一批产品；1966 年 7 月钽铌湿法生产线和钽粉火法生产线建成投产。

1965 年，株洲硬质合金厂建成钽和铌粉火法冶炼车间。

1973 年，广西栗木锡矿钽铌湿法车间投产，1976 年火法车间投产。

1979 年，江西九江有色金属冶炼厂（806 厂）建成投产。

1965～1976 年，矿山建设加快建成。1965 年新疆阿勒泰矿选矿建成；1967 年广西栗木锡矿选矿厂投产；1976 年江西宜春钽铌矿（原名414矿）建成投产，同时，江西石城矿、广东横山矿、江西横峰矿、广东泰美矿、广东博罗矿等开展了勘探和小规模的开采。

（3）快速发展期。1990年至今为快速发展阶段，主要体现在行业规模扩大、产品品种增多，研究开发了一批新技术、新材料，产品产量、生产技术和装备逐步赶上和达到国际水平。

到2013年末，钽铌企业单位数量从20世纪80年代末的不足10家增加到近30家，从业人数超过5000人，行业总资产超过80亿元，产品门类达40个系列200多个品种，年生产能力折合金属铌超过3000t，产品的质量和档次大幅提高。据中国有色金属工业协会钽铌分会统计，2013年中国国内共生产铌钽精矿72t、氧化铌1511t、铌铁74t、碳化铌100t、铌及铌加工材488t。

第二篇

铌的性质及应用

第一章　铌的性质

铌具有熔点高、蒸气压低、冷加工性能好、化学稳定性高、抗液态金属和抗酸碱腐蚀能力强、表面氧化膜介电常数大、热中子俘获截面小、超导性能好等一系列优异特点，是重要的功能性材料。

第一节　铌的物理性质

铌的化学符号为 Nb，原子序数 41，相对原子质量 92.90638，属 V_B 族，钢灰色金属，粉末呈深灰色，熔点为 2468℃，沸点为 4742℃，密度为 8.57g/cm^3。只有六种元素的熔点高于铌，它们是：碳、钨、铼、钽、锇和钼。在熔点以下，铌是体心立方结构，没有同素异形体。较低的中子俘获能量使它成为合适的核反应器结构材料。铌的部分基本物理性能见表 2-1。

表 2-1　铌的部分基本物理性能

性　能		数　值
原子序数		41
相对原子质量		92.90638
原子半径/nm		0.147
原子结构		Kr　$4d^4 5s^1$
晶体结构		体心立方
20℃时的密度/$g \cdot cm^{-3}$		8.57
熔点/℃		2468
沸点/℃		4742
溶解热/$kJ \cdot kg^{-1}$		290
汽化热/$kJ \cdot kg^{-1}$		7490
比热/$kJ \cdot (kg \cdot K)^{-1}$		0.26
热传导率 /$W \cdot (m \cdot K)^{-1}$	0℃	52.30
	300℃	58.50

第二节　铌的化学性质

铌位于元素周期表第 V_B 族，左右分别与锆、钼相邻，上下分别与钒、钽相邻。铌的电子结构决定了铌的最稳定化合价态为 5 价，另外在一些铌的化合物中，铌还表现出 3、4、2 价的状态。铌的化学性质比较复杂：它本身具有典型的金属特性，但其五氧化物呈酸性，而其低价氧化物则呈碱性。

一、与气体的反应

铌在室温下是稳定的，在 100℃ 以下大多数气体都不能侵蚀它，如空气、氮气、氧气、氯气、溴气、氢气、CO_2、CO、SO_2 等。铌金属的主要缺陷是它的这种性质会随着温度的升高而消失，铌跟其他金属一样，杂质的存在会彻底改变金属的性质。

（一）与氧气的反应

温度超过200℃，铌在空气中极易氧化。350℃以上会在表面形成一层氧化膜且随着时间增加而越来越厚，并且铌的颜色会从浅黄色变成蓝色再变成400℃下的黑色。400℃以上铌的氧化速度会加快并开始吸氧。900℃时铌的氧化速度为每年0.05mm。在纯氧环境中，铌在390℃的低温下就可以达到上述的氧化速度，氧气能够在金属中自由地扩散而使它变脆。

（二）与氢气的反应

开始反应温度为250℃，最初氢气进入铌金属晶格间隙呈固溶态，使铌的可塑性降低而变脆，最终超过固溶界限形成硬而脆的氢化物。

（三）与氮气的反应

铌与氮气在350℃以下不发生反应，在600℃时开始吸收氮气，形成固溶体。

（四）与卤素的反应

不同温度下卤族元素对铌的影响不同，如在碘蒸气中850℃以下、溴蒸气中450℃以下、氯气中200℃以下铌不与卤素发生反应，超过上述温度则开始发生反应。另外氟与铌即使在室温下也能迅速反应。

（五）与水蒸气的反应

在300℃以上，铌能与水蒸气迅速反应释放出氢气，其反应方程式如下：

$$Nb + H_2O \longrightarrow Nb_2O_5 + H_2$$

（六）与其他气体的反应

在高温条件下，金属铌能够与其他气体反应，如CO_2、CO、碳氢化合物、NH_3、SO_2等。

二、在溶液中的反应

（一）在水和稀溶液中的反应

室温条件下铌在多数水溶液中都表现出化学惰性，不与它们发生反应。主要是因为在金属铌的表面形成了一层薄的致密钝化氧化膜，该氧化膜具有良好的耐腐蚀性。但是，当温度超过150℃时，反应生成的多孔性氧化膜就会周期性脱落，从而导致腐蚀速度的加快。

在有其他离子存在的水溶液中，铌形成复杂的离子，此时，金属铌的腐蚀行为受氧化膜在溶液中的稳定性和溶解性的影响。例如室温下，铌在海水、10%氯化铁等溶液中具有良好的耐腐蚀性能，但是在能够水解成碱的盐溶液中，铌却能够很容易地被腐蚀掉，见表2-2。

表2-2 金属铌在一些盐溶液中的腐蚀速率

盐	质量分数/%	温度/℃	腐蚀速率/mm·a^{-1}
$AlCl_3$	25	沸点	0.05
$CaCl_2$	70	沸点	0

续表 2-2

盐	质量分数/%	温度/℃	腐蚀速率/mm · a^{-1}
$Cu(NO_3)_2$	40	沸点	0
$CuSO_4$	40	104	0.025
$FeCl_3$	10	沸点	0
NaCl	饱和（pH = 1）	沸点	0.025
$NaHSO_4$	40	沸点	0.125
Na_3PO_4	2.5	98	铌变脆
NH_4Cl	40	沸点	0.025
$MgCl_2$	47	沸点	0.025
$ZnCl_2$	70	沸点	0
海水	—	沸点	0

（二）在酸溶液中的反应

除氢氟酸以外，铌在 100℃ 以下不会受到其他无机酸的腐蚀，或者说被侵蚀的速度非常慢。例如，室温下铌不会被 95% 的 H_2SO_4 侵蚀；浓度高达 70% 的 HNO_3 在 250℃ 的条件下也不能与铌发生反应；铌在 60℃ 以下不能被王水侵蚀。铌也不受有机酸的腐蚀，如常见的有机酸包括：醋酸、柠檬酸、蚁酸、乳酸、草酸、酒石酸和三氯乙酸。只有 10% 的草酸才会对铌有比较高的腐蚀率，达到每年 1.25mm。但是在氢氟酸中，即使在室温条件下也会发生反应。实际上，低浓度的氢氟酸甚至是含有氟离子的其他液体都与铌发生反应。

（三）在碱溶液中的反应

常见碱溶液包括：氢氧化钠、氢氧化钾、氢氧化铵、碳酸钠和碳酸钾等。铌在碱溶液中稳定性较差，由于金属铌在碱溶液中形成了水合盐（如 $K_8Nb_6O_{18} \cdot 16H_2O$ 等），致使金属铌溶解。虽然金属铌在碱溶液中的腐蚀速率不是很快，但会吸氢而变脆。铌在碱溶液中的腐蚀速度随着温度和碱溶液浓度的提高而迅速提高。

（四）与熔融金属的反应

金属铌能够经受住许多熔融金属的腐蚀并在一定温度下能够与一些熔融金属并存而不发生反应，但当温度超过一定值时，它就会与这些金属发生反应，见表 2-3。由于熔融金属具有很高的导热速度，可以将热传递到周围介质中，而铌可以与一些熔融金属并存，特别是金属锂、钠、钾等，因此铌被用作新型核反应器中的传热材料，用于制造高速加速器、聚变反应器和航天飞机用反应器热传导装置。但当温度超过一定值时，它就会与多数金属发生反应。例如铌在 1000℃以下不与锂反应，但是如果铌中存在 0.04% 的氧，则在 800℃下铌就会快速与锂发生反应。这是因为锂与溶解在铌中的氧发生反应引起的。

表 2-3　金属铌耐熔融金属侵蚀的最高温度

金属名称	铋	镓	铅	锂	汞	钠	钾	钠 + 钾	钍 + 镁	铀	锌
耐蚀温度/℃	900	450	1000	1000	600	1000	1000	1000	850	1400	500

第三节　铌的力学性能

铌是一种延展性好的软金属，其加工硬化速度比大多数金属都慢。铌具有良好的高温强度，优异的低温延展性和加工性能。铌有 90% 以上的冷加工变形率都是在退火前完成的。因为铌是晶体结构为体心立方的一个样板，所以目前对它的研究非常广泛。

在金属应用方面，铌主要以纯铌和铌合金的形式出现。铌合金主要的合金元素来自于与铌在元素周期表中相邻的一些元素。铌位于第 $\mathrm{V_B}$ 族，合金元素主要来自于第 $\mathrm{IV_B}$ 族和第Ⅵ族，如金属钛、锆、铪、钒、钽、铬、钼、钨等。所有这些元素除铬外都可以完全溶解在铌中。

纯金属铌的一些力学性能见表 2-4。铌及铌合金的力学性能主要取决于其合金组成元素、间隙成分含量和机械热加工工艺。由于铌的纯度取决于所选择的生产工艺，因此纯铌和合金的最终属性取决于生产方法，特别是熔炼工艺，它主要包括：粉末冶金、电弧熔炼和电子束熔炼。影响机械热加工工艺的因素主要有：冷加工范围、加工硬化程度、变形温度等。

表 2-4　纯金属铌的典型力学性能

特　性		典型值
压缩系数/MPa		1.767×10^5
弹性模量/MPa		1.06×10^5
抗拉强度极限/MPa	烧结退火后的坯条	293
	退火板材	481
	未退火金属丝	662 ~ 896
伸长率/%	冷　轧	2
	退　火	10 ~ 30
硬度（HB）	退　火	75
	变形后	200 ~ 250

第二章 铌的主要化合物性质

铌的化合物大致可以分为三类：化合物、中间化合物和金属间化合物。在化合物中铌的价态通常都在 2 ~ 5 之间（包括 2 和 5），其中最常见的是 5 价。

第一节 氧化物

铌的氧化物主要有五氧化二铌、二氧化铌和一氧化铌，它们的基本性质见表 2-5。

表 2-5 氧化物的基本性质

性质	NbO	NbO_2	Nb_2O_5
外观	黑色，黑棕色	黑色或浅蓝色	白色至灰黑色
结构	面心体	正方晶	正交晶
密度/$g \cdot cm^{-3}$	7.26	5.98	4.95
熔点/℃	1935	1915	1495
比热容 /$J \cdot (mol \cdot K)^{-1}$	$40.2 + 18.4 \times 10^{-3}T$ (298 ~ 2218K)	$71.6 + 6.7 \times 10^{-3}T - 11.7 \times 10^{-5}T^{-2}$ (298 ~ 2275K)	$151.69 + 23.19 \times 10^{-3}T - 18.76 \times 10^{-5}T^{-2}$ (298 ~ 1765K)

一、五氧化二铌

五氧化二铌是一种很细的白色结晶粉末，380 ~ 435℃ 呈黄色。性质稳定，熔化温度约为 1495℃。五氧化二铌在热的氢氟酸中溶解很慢，不溶于水和大多数的酸与碱。其溶解度与氧化物放置时间有关，新鲜的氧化铌的溶解度高一点。

二、二氧化铌

二氧化铌的同质均匀区域从 $NbO_{1.94}$ 到 $NbO_{2.09}$。该粉状氧化物呈黑色或浅蓝色，为四方晶型金红石结构。它不溶于水，但在干燥状态下是一种强还原剂。在低于 500℃下，它很容易将二氧化碳还原为碳，将二氧化硫还原为硫，并能将氢氧化钠分解释放出氢气。它在空气中会氧化形成五氧化二铌。

二氧化铌可以通过将五氧化二铌混合适当比例的铌粉并加热熔化的方法制取；也可以在 1150℃下加热五氧化二铌，然后在 800 ~ 1350℃下用氢还原的方法制取。

三、一氧化铌

一氧化铌是一种有限均匀区域的化学计量理想配比氧化物。它具有氯化钠状的四方晶体结构，黑色或黑棕色，密度为 $7.26g/cm^3$，它可以通过在 1300℃以上还原氧化铌制得，也可以二氧化铌混合适当比例的与铌粉在 1700℃下通过加热的方法制取。

第二节 铌 酸 盐

氧化铌可以和很多其他氧化物反应形成混合氧化物相，

也就是铌酸盐。具有特定晶体结构和物理性质的其他许多种类的铌酸盐也可以被合成出来，用在介电、压电、光学、声学、电光学、声光学等高科技领域。最常用的铌化合物之一是介电用铌酸铅镁和用于声学、光学和电光学工业中的铌酸锂。图 2-1 是碱熔法和水解法生产不同种类铌酸盐的方法关联图。

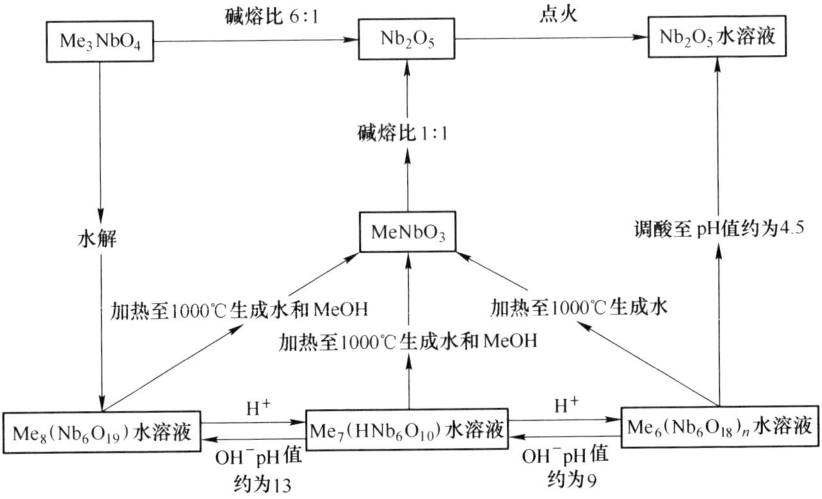

图 2-1 各种铌的化合物之间的转化

第三节 氯化物和氟化物

铌和氯及氟能形成五价的化合物，也能形成价位较低的化合物，但所有的低价化合物都是由五价化合物经还原而制得的。

一、氯化物

铌能生成三种稳定的氯化物：$NbCl_5$、$NbCl_3$ 和 $NbOCl_3$，除此以外 $NbCl_4$ 也是存在的，反应方程式如下：

$$2NbCl_4(s) \xlongequal{} NbCl_3(s) + NbCl_5(g)$$

（一）五氯化铌

五氯化铌外观呈黄色，密度为 2.77g/cm^3，熔点为 209.5℃，沸点为 254℃。五氯化铌的制取方法有很多种，最常见的合成纯化合物的方法是在 300～350℃下对金属直接氯化。工业上，生产五氯化铌通常采用直接氯化铌铁，然后分离。

（二）三氯化铌

三氯化铌是铌的氯化物中最不容易挥发的，这一特性也被用来进行氯化钽和氯化铌的分离。它是一种强烈的还原剂，溶于水并能转化为它的氧化物形式。在 900～1000℃以下能发生歧化反应，生成金属铌和五氯化铌。纯三氯化铌是通过氢气还原 $NbCl_5$ 或铌金属与 $NbCl_5$ 反应制得的，也可以用其他还原剂生产三氯化铌。

（三）三氯氧化铌

三氯氧化铌是一种白色固体，在 200℃以上能够升华，并能在高温下分解为五氧化二铌和五氯化铌。当对氧化铌进行氯化时都会生成三氯氧化铌。

二、氟化物

铌有两种稳定的氟化物：NbF_5、NbO_2F。它们也可以和许多其他的金属形成稳定的氟复合物。

（一）五氟化铌

五氟化铌是一种熔点为79℃、沸点为234℃的白色固体，密度为3.29g/cm³，吸水性极强，能与水发生强烈反应，生成 H_2NbOF_5 和 HF。

（二）一氟二氧化铌

一氟二氧化铌（NbO_2F）是一种具有立方结构的白色化合物，它是通过将氧化铌在浓 HF 酸（48% HF）中溶解，然后在232～250℃下挥发干溶解液的方法制得的。NbO_2F 可以用作铝热还原生产真空级铌铁时的原料。

第四节 碳 化 物

铌的碳化物存在两种稳定的形态：具有正方体结构的 NbC 和六方体结构的 Nb_2C，还有铌中碳的固溶体。其物理特性为：质地硬，熔点高且有导电性。碳化物的生成是一个放热反应，但碳在铌中的溶解是吸热的。铌的碳化物的部分性质见表2-6。

表2-6 铌的碳化物的部分性质

性 质	NbC	Nb_2C
外 观	灰 色	—
晶格结构	面心立方体	正方晶
密度/$g \cdot cm^{-3}$	7.82	7.85（计算）
熔点/℃	3600±50	3080（分解）

续表 2-6

性　质	NbC	Nb_2C
沸点/℃	4300	—
线膨胀系数/K^{-1}	6.65×10^{-6}	—
比热容/J·(mol·K)$^{-1}$	36.4	31.7
热导率/W·(cm·K)$^{-1}$	0.142	—
电阻率(20℃)/μΩ·cm	74 ~ 150	—
显微硬度/MPa	199220 ($NbC_{0.84}$)	20800

碳化铌为灰褐色粉末，在高达1100 ~ 1400℃的空气中都很稳定。它不溶于大多数酸，能够在氢氟酸、硫酸和硝酸中缓慢分解。碳化铌是碳热还原生产铌过程中的产物和中间介质。

第五节　氢化物

铌以$NbH_{0.85}$的化学组成形成一元氢化物，它在室温下比较稳定。铌也能在一定的条件下形成二氢化物，但它不稳定，在一定温度下也能分解成一氢化物。铌吸收氢气的反应是一个放热过程，氢气与金属之间的反应平衡在高温下很快就能达到。氢化物的制取可以采取原料直接反应的方法或用阴极渗氢和铌在氢氟酸中水溶解的方法，溶解过程中释放出一部分氢气被吸收到金属中，阴极渗氢和水溶解可以用来制造二氢化铌。

第六节 氮 化 物

当铌在氮气或含氮的气体中加热时能够吸收氮气并放出热量，形成一种固溶体并使晶体的晶格膨胀容纳氮原子。目前已知有两种铌的氮化物存在，一种是氮化铌，另一种是氮化二铌，前者是立方体结构，后者是六边形结构。氮化铌的粉末呈浅灰色，带有黄色光泽，它不溶于盐酸、硫酸和硝酸，但能溶于碱，释放出氨气。在空气中当氮化铌被加热到400℃以上时，它能氧化为五氧化二铌。氮化二铌和氮化铌性质相似，只不过溶于碱时，它释放出的是氮气而不是氨气。铌的氮化物的性质见表2-7。

表 2-7 铌的氮化物的性质

性 质	NbN	Nb_2N
颜 色	浅灰，带有黄色光泽	—
晶体结构	面心立方	密排六方
密度/$g \cdot cm^{-3}$	8.4	8.08
熔点/℃	2050 ~ 2320	2050 ~ 2320
线膨胀系数/K^{-1}	—	3.24×10^{-6}
电阻率/$\mu\Omega \cdot cm$	200 ~ 450(20 ~ 30K 时超导)	—

第七节 硼 化 物

现存在着四种热力学稳定的铌的硼化物，它们分别是

NbB、NbB_2、Nb_3B_4 和 Nb_3B_2。它们都有一定范围的化学计量，但 NbB 和 Nb_3B_4 要窄一些。

硼化铌通常在远低于其熔点以下利用固相反应或熔盐电解的方法制备，也可以直接用原料或金属氢化物和硼用热压、烧结或熔化的方法生产。硼化铌的最大特点就是其硬度极高。它还有像金属那样的传导性。硼化铌不溶于盐酸、硝酸和王水，但能在热硫酸和氢氟酸中缓慢溶解。硼化物能在熔融的氢氧化钠、碳酸盐、过氧化物和硫酸氢盐中迅速溶解。铌的硼化物的性质见表 2-8。

表 2-8　铌的硼化物的性质

性　质	NbB	NbB_2	Nb_3B_4
晶体结构	正交系	六方晶系	正交系
密度/$g \cdot cm^{-3}$	6.9	6.40～6.97	—
熔点/℃	2000	3050	2195
显微硬度/GPa	—	26	—
线膨胀系数/K^{-1}	—	8.64×10^{-6}	—
电阻率/$\mu\Omega \cdot cm$	64.5	65.5	—

第八节　硅 化 物

硅化铌具有很高的抗氧化性，它在 1000℃ 的空气中不会被氧化，因此，硅化铌可以用作高温下铌/铌基合金的表面涂层。铌的硅化物的性质见表 2-9。

表 2-9 铌的硅化物的性质

性 质	$NbSi_2$	Nb_5Si_3	Nb_4Si
晶体结构	六方晶系	四面体	六方晶系
密度/g · cm^{-3}	5.29	7.75(α);7.34(β)	8.01
熔点/℃	1930～1950	2520(α);1940(β)	2580
电阻率/μΩ · cm	6.3	1.2K 时超导	—
线膨胀系数/K^{-1}	8.46×10^{-6}(20～320℃); 11.70×10^{-6}(32～1067℃)	—	—

生成硅化铌的反应可以在1500～2000℃用铌和硅烧结的方法来完成，也可以用加热铌金属与 $SiCl_4$ 的置换反应进行。硅化铌能够经受大多数矿物酸的腐蚀，但溶于氢氟酸，也极易在温度不断升高的氯气、稀碱液和熔融的碱中溶解。

第三章 铌 的 应 用

铌的应用领域非常广泛，主要涉及钢铁、核工业、合金、化合物等领域。图 2-2 为世界各种用途铌的消费分布

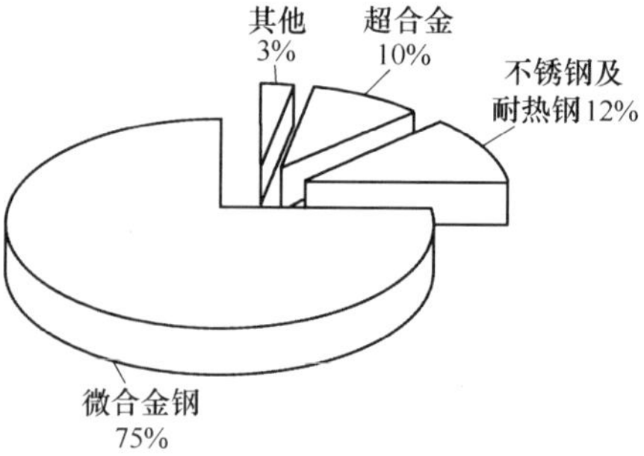

图 2-2 世界各种用途铌的消费

图，图 2-3 为中国各种用途铌的消费分布图。

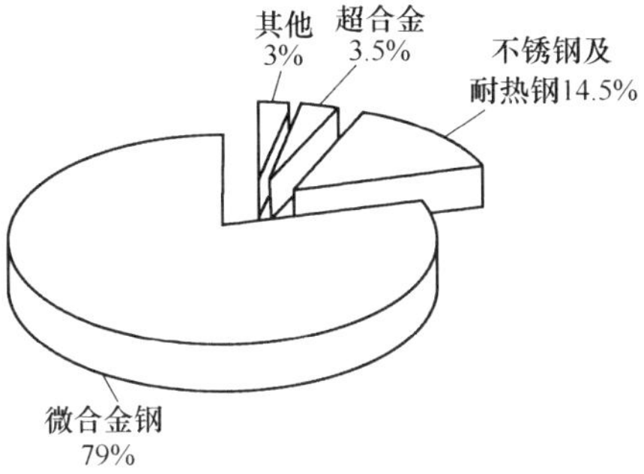

图 2-3　中国各种用途铌的消费

应当明确的是，铌在钢铁工业中消费量一直在 80% 以上，但钢铁工业各部门对铌的需求量有着明显的变化。早期，铌几乎都用在不锈钢和合金钢中，但现在铌有近 75% 用在微合金钢中，微合金钢中铌及其他元素的含量不超过 0.1%。另外，从图 2-2 和图 2-3 可以看出：中国在含铌超合金方面的研究水平明显低于世界平均水平。中国作为钢铁生产大国，对铌铁的需求在明显增加。

第一节　铌在钢中的应用

铌是钢的重要合金元素之一，钢中加入极少量的铌，便能大大提高钢的强度，改善钢的力学和焊接性能，提高抗腐蚀性能。铌主要以铌铁的形式加入，主要是作为钢的晶粒细化剂和弥散硬化剂。

1930 年，当铌以铌铁的形式开始在钢铁工业中得到应用时，铌的用量才开始增大。直到今天，钢铁工业仍然是铌的最大用户。铌钢的应用十分广泛，遍及输送石油和天然气管道、桥梁、建筑、重型机械、船舶、轨梁、汽车、拖拉机、内燃机、汽轮机、钻探设备、大型锅炉、刀具、工模具等许多部门。

铌钢种类繁多，根据钢中合金元素的含量，一般可将铌钢分为三类：

（1）高强度低合金钢（HSLA）。这种钢一般只需加入万分之几或千分之几的合金元素，如一般含 Nb 0.02% ~ 0.05%。这种铌钢的产量最大，约占世界钢产量的 10%，用铌量也最大，约占钢铁工业用铌的 80% 以上。

（2）低合金钢。这种钢含合金元素的总量低于 7%，主要合金元素为镍、钴、钼、钨等，一般含 Nb 0.02% ~ 1.0%。

（3）高合金钢。这种钢含合金元素总量超过 7%，一般含 Nb 0.4% ~ 3.0%。这类钢包括不锈钢、高速工具钢、耐热钢、超高强度钢、低温钢、磁钢等，都是特殊用途的钢种。

含铌高强度低合金钢主要生产国为美国、日本、加拿大和欧盟国家。铌钢最大的用途是输送天然气和石油的管道。如最大的管线工程之一，横跨美国由加利福尼亚州到德克萨斯州全长 2873km 的输油气管，全部为铌钢。

此外，铸铁中加入少量铌（如 0.3% 左右）能促进石墨化，减少铸件裂纹和提高铸件的耐磨性，且对铁的韧性和强度有明显提高。

中国于20世纪60年代中期开始研制和生产铌钢，现已纳入标准或转产的含铌钢有数十种，至今铌钢的科研、生产和应用已取得很大的进展。但是，就铌钢的品种和产量而言还远远满足不了国内的需求，每年还需从国外进口大量的铌钢。

第二节　铌在超合金中的应用

超合金主要用于高温（815℃以上）环境中，具有抗拉伸、耐高温、抗冲击和抗振动的性能，同时还具有很高的表面强度和抗氧化性能。绝大多数超合金是第Ⅷ族元素（如铁、钴和镍）作为基体，同时还含有少量辅助元素（如铌）。超合金主要用于航空航天工业、核工业、化工、气流式涡轮机、发动机和石油工业等。

铌具有良好的耐高温和耐腐蚀性能，它可以是铌基合金或添加到各种合金中，这主要是为了增强这些合金在高温下的强度和耐腐蚀性能。现在大量的铌基合金被广泛应用，主要的铌基合金包括铌铪合金、铌锡合金、铌钛合金和铌锆合金，这些合金主要用于高温核工业、航空航天工业、记忆型合金和低温超导体中。如FS-85合金（Nb-28Ta-10W-1Zr）是航天飞机上轨道操作系统发动机的结构材料；C-103合金（Nb-10Hf-1Ti-0.7Zr）曾作为阿波罗号登月舱和指挥舱的火箭喷嘴材料。铌被添加到镍基、钴基和铁基等各种合金中制备超合金、耐腐蚀合金、耐磨合金和众所周知的高性能合金。如镍基超合金 IN-718 合金和 IN-625 合金分别含铌 5.3% 和 3.5%。含铌的钛合金（如 IMI367 合金）应用于外科手术植入物，特别是用于生产修复髋骨的股骨部件。含铌的锆合金被用于重水减速冷却反应堆的压力管道以及反应堆包套。

中国在研制和应用铌基合金方面也卓有成效。如火箭发动机辐射冷却喷管延伸段采用了 C-103 合金，这种喷管要经受壁温 1500℃ 和燃烧产物的高速（最高为 4.58 马赫）气流冲刷；SCb-291 合金（Nb-10W-10Ta）已用于远程导弹和其他飞行器的姿态控制喷管；D43 合金（Nb-10W-1Zr-0.1C）已用于飞行器的蒙皮；还有卫星天线也使用了铌合金，这种天线要经受 2700℃ 的热流冲刷，故要求天线具有高温强度以保持正确外形，从而具有高效率的发射或接受电信号的能力。

第三节　铌在超导材料中的应用

超导材料是世界新技术发表中涌现出来的最新金属材料之一。超导材料主要用于制作超导磁体。超导磁体具有体积小、质量轻、场强高而恒定、稳定性好及能耗小等优点。超导磁体在发动机、发电机、加速器、存储器和传输器上具有广泛的潜在和实际用途，同时也用于医疗、高能物理和新型的运输系统。但是超导磁体的研制和开发是一个巨大且昂贵的项目，必须依靠政府拨款，其发展比较缓慢且不确定。目前，铌超导体主要的商业应用是医疗诊断和分析的磁共振成像（MRI）。

铌的实用超导材料由锡、钛、铝和铌组成，大约含50%的铌。主要有铌合金和铌金属化合物两大类，如Nb-Zr、Nb-Ti、Nb-Ti-Ta、Nb-Ti-Hf等合金材料，一般用于9T以下低、中磁场的超导磁体；Nb_3Sn、Nb_3Al、Nb_3Ge等化合物具有较高的临界参数，常用于10T以上的超导磁体。50% Nb-50% Ti是一种很重要的合金，在低于43K的温度下是超导体。其合金丝通常包在铜质型中。这些Nb-Ti超导体在市场上最大的应用是医疗上的核磁共振（NMR）扫描仪。与Nb-Ti超导线相比，Nb-Sn超导线可以在更高的温度下使用，且能传送更高的电流，诸如在粒子加速器上的应用。使用铌超导体的项目包括：美国的ATLAS、CESR、PETRA、CEBAF和RHIC，日本的TRISTAN及德国的HEAR项目，每个项目超导材料的用量都很大。

铌超导体未来的潜在需求主要用于核聚变反应堆、高速磁悬浮列车、磁流体动力学（MHD）的动力装置及地下能力的储存和传输，在相当长的一段时期内会出现更新、更复杂的超导体（如高 T_c 超导体）与铌超导体竞争。

中国于20世纪60年代初期开始研制超导材料，已进行批量生产和应用的超导材料有Nb-Ti和Nb_3Sn，品种有单芯线、多芯复合线、带材、编织线带、绞缆带、中空导体材料等，部分产品已达到国际商用水平。用国产超导材料制造的超导磁体已在高能加速器、超导发电机、磁分离装置等方面开展了应用研究。

第四节 铌及铌化合物在电子工业和玻璃工业中的应用

铌可用作电容器。虽然铌的阳极氧化膜介电性能不如钽，但25V以下固体铌电容器已经获得成功。一般来说，铌电容性能与成本介于钽和铝电容器之间。

氧化铌在电子陶瓷中的应用主要是用作压电材料和陶瓷电容器。压电材料是近30年来发展最快、用途最广的电子陶瓷。氧化铌主要作为锆钛酸铅压电陶瓷的改性成分和铅压电陶瓷的成分。压电陶瓷产品广泛用于超声振子、引燃引爆器、电唱机、拾音器、话筒、函电变压器、滤波器、蜂鸣器和声表面波器件等。铌酸锂、钽酸锂也是主要的压电材料之一，其单晶体主要用作声表面波（SAW）器件，用它制作的表面波器件有频率滤波器、脉冲压缩器、展宽滤波器、延迟线等，目前大量用于电视机、录像机走带装置、音响设备、手提式电话机等的频率滤波器，近年来在闭路电视和特殊电话方面的应用也在增加。此外，铌酸锂晶体还可以做光路波导管，这因为其光频传播损耗低，预计这一市场将有增长。

氧化铌早已用于大容量叠层陶瓷电容器和普通多层陶瓷

电容器。与铝电容器相比，具有尺寸小、容量大、高频段阻抗小、等效串联电阻小、最大允许波纹电流大、寿命长等优点，可代替钽、铝电解电容器用于各种电子线路中。

氧化铌在光学玻璃方面得到了广泛的应用，特别是用作镧硼酸盐玻璃原料。这种光学玻璃主要用于照相机、摄像机的透镜。

第五节 在其他方面的应用

高压钠灯是20世纪60年代初期出现的新型光源，它比白炽灯节电80%，光效高，使用寿命长（3000～5000h）。制造高压钠灯的关键材料之一是纯铌帽和铌锆合金排气管。

近20年来，国外开发了许多铌催化剂。铌基催化剂主要有化合物和络合物两类，铌基催化剂主要应用在汽车尾气净化和化学工业（如烃类转化、氢化和脱氢、聚合反应、水合脱水反应、光化反应和电化反应等）。

第三篇

铌矿物的资源与采选

第一章　铌的矿物及矿床

在自然界中铌无法以游离态或天然态存在，它总是与其他元素以复杂的氧化物或氢氧化物（很少的硅酸盐和硼酸盐）出现在矿物中。铌在地壳中的平均含量为$21.4\times10^{-6}\%$（大约是钽的12倍）。

第一节　铌 矿 物

已发现自然界中铌有60多种独立矿物和将近90种与其他元素伴生的矿物。这些矿物大体可以分为15个矿物族，其中Nb_2O_5含量超过15%的矿物大体上有7个族。目前具有经济开采价值的矿物见表3-1，其中最常见的两种铌矿物是烧绿石和铌铁矿。

铌铁矿、钽铌铁矿、铌钽铁矿、钽铁矿是铌铁矿-钽铁矿类质同象系列的矿物，$Ta_2O_5<15\%$称铌铁矿，$Nb_2O_5<15\%$称钽铁矿，$Nb_2O_5>Ta_2O_5$称钽铌铁矿，$Ta_2O_5>Nb_2O_5$

称铌钽铁矿，（Fe/Mn）<1 时则为铌锰矿-钽锰矿系列。

表 3-1　具有经济开采价值的矿物

矿物	化学式	密度 /g·cm^{-3}	Nb_2O_5 含量/%	Ta_2O_5 含量/%
烧绿石	$(Ca,Na)_2(Nb,Ta)_2(O,OH,F)_7$	3.5~4.6	50~70	0.5
细晶石	$(Ca,Na)_2(Nb,Ta)_2(O,OH,F)_7$	6.4	1~10	68~79
铌铁矿	$(Fe,Mn)(Ta,Nb)_2O_6$	5.2	30~75	1~40
钽铁矿	$(Fe,Mn)(Ta,Nb)_2O_6$	7.9	2~30	40~80
铌钽铁矿	$(Fe,Mn)(Ta,Nb)_2O_6$		60~75①	
锡锰钽矿	$(Ta,Sn,Mn,Nb,Fe,Ti)_{16}O_{32}$	—	1~25	45~70
钽金红石	$(Fe,Mn)(Ta,Nb,Ti)_2O_6$	5.4	9~17	5~26

① 表示$(Ta,Nb)_2O_5$总量。

第二节　铌矿物的成矿过程

在基岩中铌矿物形成与富集的地质过程大体可分为四类：

（1）岩浆作用。矿物岩浆岩的形成过程包括熔融岩浆结晶和差别结晶过程中矿物同步形成的过程，铌的富集通常发生在结晶晚期的残留岩浆中。

（2）伟晶作用。当地球内部压差很大时，残余熔岩被挤入上层岩石缝隙和空腔中并凝固结晶下来，在凝固结晶过程中，残余熔岩中的含有稀土和铌等稀有金属的矿物得到了富集。

（3）岩浆期后作用。侵入岩与基岩接触导致高温硅化并伴随着钠长石岩石带和微斜长石的形成，如铌的形成发生在钠长石中。这个过程中因岩浆中气体液化而形成的热液还可能带走周边的一些稀有金属。

（4）冲积作用。在某些类型的冲积岩矿床中形成了钽和铌的矿物。这些矿床是由于对基岩的冲积而使有价值矿物富集而形成的。

第三节 铌 矿 床

根据矿床的属性和其他伴生金属的价值，铌的天然矿床也可以分为三类：一是初级资源，主要指直接开采铌的烧绿石；二是二级资源，主要是开采钽铌的钽铁矿-铌铁矿；三是其他类，主要指开采其他金属（如锡、钛等）矿中的伴生的铌矿物，这些伴生的钽铌以钽铌精矿或渣的形式回收。铌矿石如图 3-1 和图 3-2 所示。

图 3-1 铌铁矿

图 3-2　褐钇铌矿

另外按地质条件及主要成矿作用，钽铌矿床可分为岩浆矿床、伟晶岩矿床、气成热液矿床、外生矿床和接触自变矿床五类。

中国钽矿床主要有碱性长石花岗岩型矿床（江西宜春钽铌矿），花岗伟晶岩型矿床（福建南平钽铌矿）；钠长石、铁锂云母花岗岩型钽铌矿（江西石城姜坑里钽铌矿），钠长石、白云母花岗岩型钽铌矿床（广西恭城栗木钽铌矿，江西大吉山钽钨矿），气成热液型矿床（湖南香花岭钽铌矿）。

世界主要钽铌矿床的特点和实例见表 3-2。

表 3-2　世界主要钽铌矿床的特点和实例

矿床类型	简　介	典型品位和吨位数	主要矿山实例
碱性花岗岩和正长岩	碱性硅火成岩中伴生铌矿和较少的钽矿，因岩浆或热液蚀变过程富集了矿物	一般小于 1 亿吨；含 0.1% 的 Ta_2O_5，含 0.1% ~ 1% 的 Nb_2O_5	格陵兰岛的 Motzfeld 和 Llímaussaq 矿，俄罗斯的 Lovozero 矿，加拿大的 Thor Lake 和 Strange Lake，巴西的 Pitinga 矿，沙特阿拉伯的 Ghurayyah 矿，马拉维的 Kanyika 矿

续表 3-2

矿床类型	简 介	典型品位和吨位数	主要矿山实例
LCT 型花岗岩	过铝质深成岩体中伴生铌矿和较少的钽矿	一般小于 1 亿吨；Ta_2O_5 品位小于 0.05%	埃及的 Abu Dabbab 矿和 Nuweibi 矿，中国宜春钽铌矿
LCT 型伟晶岩	铌矿和较少的钽矿伴生于 LCT 型（富含 Li-Cs-Ta）伟晶岩中	一般小于 1 亿吨；Ta_2O_5 品位小于 0.05%	澳大利亚的 Grennbushes 和 Wodgina 矿，加拿大的 Tanco，巴西的 Volta Grande 矿，埃塞俄比亚的 Kenticha 矿，莫桑比克的 Morrua 矿和 Marropino 矿

注：表中品位和吨位数是推测值，不同矿床差异很大。

第四节 钽铌矿床一般工业指标

钽铌矿床地质勘查一般工业指标见表 3-3。伴生铍、锂、铌、钽综合回收参考性工业指标见表 3-4。

表 3-3 钽铌矿床地质勘查一般工业指标

矿床类型	Ta_2O_5/Nb_2O_5	边界品位/%		最低工业品位/%		最小可采厚度/m	夹石剔除厚度/m
		$(TaNb)_2O_5$	或 Ta_2O_5	$(TaNb)_2O_5$	或 Ta_2O_5		
花岗伟晶岩类矿床	≥1.0	0.012 ~ 0.015	0.007 ~ 0.008	0.022 ~ 0.026	0.012 ~ 0.014	0.8 ~ 1.5	≥2
碱性长石花岗岩矿床	≥1.0	0.015 ~ 0.018	0.008 ~ 0.01	0.024 ~ 0.028	0.012 ~ 0.015	1.5 ~ 2.0	≥4
风化壳矿（褐钇铌矿或铌铁矿）		0.008 ~ 0.010	重砂品位 80 ~ 100 g/m^3	0.016 ~ 0.020	重砂品位 250 ~ 280 g/m^3	0.5 ~ 1.0	

续表 3-3

矿床类型	$\frac{Ta_2O_5}{Nb_2O_5}$	边界品位/%		最低工业品位/%		最小可采厚度/m	夹石剔除厚度/m
		$(TaNb)_2O_5$	或 Ta_2O_5	$(TaNb)_2O_5$	或 Ta_2O_5		
原生铌矿床		0.05 ~ 0.06		0.08 ~ 0.12		5.0	≥5
河流类砂矿床(铌铁矿或褐钇铌矿)		0.004 ~ 0.006	重砂品位 40g/m^3	0.01 ~ 0.012	重砂品位 250g/m^3	0.5	≥2

注：资料来源于《稀有金属矿产地质勘查规范》(DZ/T 0203—2002)。

表 3-4 伴生铍、锂、铌、钽综合回收参考性工业指标

(%)

矿床类型	铍	锂	铌	钽
	BeO 质量分数	Li_2O 质量分数	$(Ta,Nb)_2O_5$ 质量分数 (Ta_2O_5 质量分数/Nb_2O_5 质量分数 >0.4)	或 Ta_2O_5 质量分数
花岗伟晶岩类矿床与气成-热液矿床	≥0.04	≥0.2	≥0.007 ~ 0.01	≥0.003
碱性长石花岗岩类矿床	≥0.04 ~ 0.06	≥0.3	≥0.01 ~ 0.015	≥0.005

注：资料来源于《稀有金属矿产地质勘查规范》(DZ/T 0203—2002)。

第二章 铌资源分布及储量

铌的资源是指那些地表和地下的底壳矿床，其矿石在目前可经济地提取或者具有潜在的可提取性。铌的储量是指以现有已知技术和经济水平对现有已知矿床可以进行开采的具体铌矿物的品位和资源量。因此，所有的储量都可以看做是资源，但并非所有的资源都是储量。

第一节 世界铌储量及分布

美国地质勘测机构指出：已探明的铌的全球总储量为550万吨，已确定世界铌资源量估计为4.85亿吨。世界铌资源储量和已探明资源见表3-5。最大的储量在巴西、澳大利亚、独联体和加拿大。不过扎伊尔、肯尼亚、埃及、马拉维及格陵兰岛等其他国家和地区也拥有不定量的铌资源。

表3-5 世界铌资源储量和已探明资源（以 Nb_2O_5 计）

（Mt）

国家和地区	被测储量	已探明矿床	已知总储量
巴　西	3.8	8.1	11.9
加拿大	0.3	1.5	1.8
独联体	1.0	2.2	3.2
尼日利亚	0.1	0.36	0.46
扎伊尔	0.1	0.30	0.40
乌干达	—	0.50	0.50
肯尼亚	—	0.72	0.72
美　国	—	0.11	0.11
格陵兰岛	0.92	—	0.92
澳大利亚	—	2.47	2.47
总　计	6.22	16.26	22.48

铌矿以岩矿和沉淀矿两种分布形式的烧绿石矿为主，巴

西和加拿大铌资源几乎全部是烧绿石，尼日利亚和扎伊尔多为铌铁矿资源。

巴西是铌资源大国，目前开采的铌矿 Nb_2O_5 品位在 1.57%～3.0%，已知储量占世界总储量的一半以上。巴西的巴西矿冶公司（Companhia Brasileira de Metalurgia e Mineração，CBMM）也是世界上最大的铌生产商和供应商，其阿拉克萨矿是世界最大的铌矿山，矿石品位 Nb_2O_5 高达 2.5%～3.5%。加拿大铌矿品位在 0.67%～1.34%，储量为 2200 万吨。在非洲赤道地区、俄罗斯的西伯利亚冻土地带也存在大量的铌沉淀矿脉。乌干达、尼日利亚、挪威、格陵兰、韩国有新发现的铌矿。

第二节　中国铌资源分布及储量

中国铌资源很丰富，储量居世界前列。主要分布在内蒙古包头的白云鄂博，广西的泰美、栗木，江西的宜春和新疆富蕴县可可托海等地。其中，白云鄂博铌资源储量最大，是一个大型铁、稀土、铌等多金属共生矿床，其储量占全国铌资源储量的 95%，其远景储量达 660 万吨，Nb_2O_5 工业储量为 157 万吨，位居中国第一。白云鄂博矿床中铌矿物共有 18 种，分别是铌铁金红石、铌铁矿、铌锰矿、铌钙矿、褐铈铌矿、褐钕铌矿、褐钇铌矿等，但矿物晶粒细，品位低（0.1%～0.15% Nb_2O_5），多包裹在铁矿物及脉石中，由于技术原因，目前不具备经济回收价值。

中国规定钽铌矿床储量计算的最低工业品位指标为：$(Ta, Nb)_2O_5$ 0.016%～0.028%，Nb_2O_5 品位超过0.1%的也只有几个碳酸岩类型的矿床，其他类型矿床 Nb_2O_5 品位均在0.02%左右。由于中国规定的钽铌矿床储量计算工业品位指标低，因此与国外统计的数据在一定程度上缺少可比性。中国主要钽铌矿山储量见表3-6。

表3-6 中国主要钽铌矿山储量

钽铌矿山	$(Ta, Nb)_2O_5$ 含量/%	储量/万吨	
		Ta_2O_5	Nb_2O_5
江西宜春钽铌矿	0.0187	1.76	1.432
新疆可可托海钽铌矿	0.02	0.017	0.010
广西栗木水溪庙钽铌矿	0.0298	0.22	0.226
江西石城钽铌矿	0.028	0.035	0.024
广东横山钽铌矿	0.05	0.07	0.028
江西横峰钽铌矿	0.072		0.555
江西大吉山101矿	0.0235	0.25	0.160
福建南平钽铌矿	0.028	0.182	
湖南香花岭430矿	0.0257	0.553	0.530
湖南湘东金竹陇矿	0.235	0.310	0.270
内蒙古包头白云鄂博矿	0.1～0.2	—	5.010
内蒙古扎鲁特旗801矿	0.2485	2.15	37.00
合计		5.552	45.401

注：资料来源于何季麟，张宗国所著《中国钽铌工业的现状与发展》。

另据媒体报道，经过中国地质科技人员近3年的勘察，在新疆南部阿克苏地区拜城县境内探明一座特大型稀有金属铌钽矿床，预测铌矿资源储量超过10万吨，钽矿资源储量超过1万吨，另外还有铪等其他稀土金属。

湖北省竹山县境内的庙垭铌稀土矿是国内特大型碳酸岩

型铌稀土矿床，累计探明储量：铌（以 Nb_2O_5 计）92.95 万吨、轻稀土氧化物 121.5 万吨，并伴生大量磷灰石及铀、锆石、金红石等，可综合回收利用。矿石中铌矿物主要有铌铁矿、铌金红石等；矿床类型为碳酸岩型铌、稀土矿床。

据 2012 年 7 月 6 日中国新闻网报道，甘肃近年来陆续发现了瓜州国宝山铷矿、阿克塞余石山铌矿等一大批勘查基地。初步估算资源量 20 万吨，远景资源量 100 万吨，铌矿含量 200 ~ 500t。

第三章 铌矿的开采与选矿

第一节 铌矿的开采

目前，将近 90% 的铌产品来自于烧绿石族矿物，其余的来自于铌钽铁矿和其他金属的伴生矿。

除冲积砂矿外，绝大多数钽铌矿石是以致密的矿体状态埋藏在地壳中的。根据矿体埋藏地壳深浅程度的不同，开采的方法可以选择露天开采或地下开采。

一、露天开采

露天开采包括钻孔作业、爆破作业、采装作业和运输，此外还有排土、排水、滑坡防治等辅助作业。国内外多数钽铌矿山，因其矿体埋藏浅或露出地表面而采用露天开采，如巴西的阿拉克萨矿、卡塔尔矿，澳大利亚的格林布什矿、沃吉纳矿，中国的宜春钽铌矿等。

二、地下开采

地下开采按矿床开拓、采准和切割以及回采三步骤进行。钽铌矿体埋藏深的需要采用地下开采，中国地下开采的钽铌矿有南平钽铌矿、栗木水溪庙矿。

第二节 铌矿的选矿

选矿方法分为物理选矿和化学选矿两类。主体为物理选矿（一般包括重选、磁选、静电选和浮选），化学选矿只是起辅助作用。

物理选矿是根据钽铌矿物与脉石矿物在物理性质（如密度、磁性、导电性）和物理化学性质（如浸润性）等方面的差异，采用机械和物理化学方法使各种矿物彼此分离，获得钽铌精矿。

钽铌矿由于原矿品位低（一般 Nb_2O_5 含量只有千分之几）、成分复杂并伴有多种有价金属，因此大多数都比较难选。铌矿石的选矿工艺流程因矿石不同而千差万别，流程长而复杂，多数需要利用多种选矿方法的联合流程进行，但一般可分为粗选和精选两个阶段。粗选主要是采用重选流程，但也有采用磁选—浮选联合流程的，选别的结果是获得低品位混合粗精矿。对钽铌粗精矿的精选，由于其组成复杂，分选困难，常常需要采用磁选、重选、浮游重选、浮选、电选、化学处理等方法中 1～2 种或多种组合以实现多种有用矿物的分离，特别是钽铁矿、铌铁矿与某些难选矿物如石榴子石、电气石、独居石等的分离更需采用多种方法。

第三节　巴西矿冶公司阿拉克萨矿的选矿

巴西的阿拉克萨（Araxá）矿是世界最大的铌矿山，巴西矿冶公司（CBMM）也是世界上最大的铌精矿生产商和铌铁供应商，其选矿的生产能力为 8.4 万吨/年。

阿拉克萨矿已发现两种铌矿，为碳酸岩复合矿床，原矿含 Nb_2O_5 的平均品位为 1.5%，最高达 8%，其风化和蚀变的残留矿 Nb_2O_5 的平均品位为 2.5%，主要矿物为钡烧绿石（Nb_2O_5 63.42%，Ta_2O_5 0.15%）。该风化矿采取露天开采方式，不钻井或爆破。

选矿的主要流程为矿石经过破碎和球磨至小于 0.104mm，经过旋流分级后，溢流部分经双筒磁分离器分离，其中磁性富集物进入残渣池，无磁性的料浆打入水力旋流器中进行分离，其中上浮的物料进行脱泥处理，下沉的物料再返回磨矿工序。由于浮选对矿泥的存在十分敏感，必须强制脱泥。旋流脱泥的工序分为三级，分别为 381mm、102mm 和 50mm。浮选采用胺类阳离子型捕收剂，氟硅酸钠作活化剂，用盐酸调节介质的 pH 值在 2.5～3.5 范围内，对主浮选回路进行 1 次粗选、4 次精选，对细颗粒浮选进行 1 次粗选、1 次精选，最后得到浮选精矿。

第四篇

铌冶炼的生产工艺和技术

第一章　铌的分解与提取及中间化合物的制备

第一节　铌原料分解方法

一、碱熔法

碱熔法常常应用于钽-铌铁矿原料的分解。烧绿石分解一般不用碱熔法。在20世纪60年代初，该法曾是分解钽铌精矿的工业生产方法。碱熔法分解钽铌精矿可分为钠熔法和钾熔法两种。钠熔法是采用氢氧化钠或碳酸钠熔融，钾熔法是采用氢氧化钾或碳酸钾熔融。为了降低熔融物的熔点和黏度，也可采用氢氧化钠和碳酸钠化合物熔融或氢氧化钾和碳酸钾混合熔融。两者的不同之处在于：苛性钠熔融时生成的钽、铌酸钠难溶于水；而苛性钾熔融时生成的钽、铌酸钾是可溶性的盐，因此要增加一道转化工序，即向溶液中加入NaCl溶液，使之转变为不溶性的钽、铌酸钠盐，其后处理方法基本相同。

钽铌铁矿碱熔一般在800～850℃进行，如与苛性钠熔合时，钽、铌和钛转化为不溶性的钽铌酸钠和钛酸钠，铁、锰生成不溶性化合物，而钨、硅、锡、铝则生成可溶性的钠盐。这些可溶性的钠盐转移到水相中与钽、铌分离除去，而不溶性的氧化铁、氧化锰、钛酸钠则仍留在固相中。钽铌酸钠用盐酸分解，使钽、铌转化为混合氢氧化物，钛、铁、锰以氯化物的形态转入溶液中。

二、氯化法

氯化冶金包括钽铌原料的氯化分解、钽铌氯化物提纯和分离直至制取纯钽（铌）化合物。

氯化分解分为块料氯化和熔盐氯化两种形式。块料氯化是将磨好的精矿按比例与焦炭及黏结剂混合，压制成块并烘干、焦化，然后在竖式电炉中以固定层方式进行氯化。熔盐氯化是将磨好的精矿按比例与焦炭或石油焦混合，一起加入于热沸腾状态下的熔融的氯化钾、氯化钠混合熔盐中，通入氯气进行氯化。

20世纪60年代，中国曾进行过褐钇铌矿熔盐氯化制取钽铌混合氧化物的研究和包钢吹氧富集渣氯化提取氧化铌的研究，但氯化法至今未在工业上采用。在前苏联等国家，氯化法曾是处理钽铌原料（包括多金属复合矿、中间铁合金）的工业方法之一。

（一）钽、铌复合矿石的氯化处理

对于含有稀土金属的复合钽铌矿石，最简单的处理方法是氯化法。矿石中的稀土和钍的氯化物具有较高的沸点，而钽、铌和其他金属氯化物在400℃以下的温度范围内就沸腾或升华，而且它们的沸点有明显的差别，根据这一特点，采用分别冷凝收集的办法，使钽铌氯化物和其他金属氯化物分开。

（二）黑稀金矿的氯化处理

黑稀金矿是美国生产钽、铌的重要原料，其精矿中含$(Ta, Nb)_2O_5$大约为47%，稀土氧化物为25%左右。精矿加碳混合后在NaCl还原剂存在的条件下进行氯化，通过蒸馏和冷凝可以得到三种产品：Ti/Si氯化物、钽铌氯化物和U/Th/RE氯化物。Ti/Si氯化物进一步精馏，除去氯化硅、氯化铁和氯化铝，氯化钛镁还原制取金属镁。钽、铌富集物水解，用溶液萃取法或分部结晶法分离钽、铌。不挥发氯化物主要是铀、钍和稀土元素，可以用湿法处理分别回收。

（三）低品位钽、铌资源的氯化富集

重要的低品位钽、铌资源有锡渣、铁渣和钨渣。这类冶金渣中的钽、铌氯化富集基本上有高温氯化和碳化-低温氯化法两种。锡渣的高温氯化富集方法为：还原剂存在下，锡渣在600～800℃的温度下进行氯化，原料中的钽、铌和其他杂质氯化生成氯化物，根据不同氯化物之间的沸点差异，控制冷凝系统的温度，使钽、铌与杂质分离，进行富集制取钽、铌精矿。锡渣碳化-低温氯化法为：当原料中的铁含量较高时，采用碳化-低温氯化方法。加碳混料，制团，在1200～1500℃下碳化，钽铌和钨等转化成碳化物，其他部分杂质还原为金属，随后在400～500℃下氯化，冷凝回收钽、铌氯化物，其他高沸点氯化物留在残液中。

三、酸分解法

酸分解法主要有硫酸分解法、氢氟酸分解法、氢氟酸与硫酸分解法和氢氟酸与草酸混合分解法。

（一）硫酸分解法

钛钽铌酸盐类矿物，在180～250℃下用浓度为75%～98%的硫酸处理，可以完全分解，分解过程在衬耐酸搪瓷的反应器内进行。分解后制得的矿浆，加水稀释、过滤，钽、铌、稀土金属、钍、钛、铁、铝生成可溶性盐进入溶液。由于一部分活性二氧化硅生成胶状的硅酸，导致溶液过滤困难。为了使胶状硅酸凝聚，一般在50～70℃下，向溶液中加入万分之几的絮凝剂，如聚丙烯胺、粘胶之类，或加入少量氢氟酸促进胶体的破坏。所得到的硫酸分解液（H_2SO_4浓度为40%～50%）可用真空过滤机或压滤机过滤。通常根据钽、铌、钛和稀土元素的氢氧化物水解时的pH值的差异用分步水解法使它们单独析出，进行分离。该法有较高的金属分解转化率，同时还能综合利用矿石中的有价值成分，但是因操作复杂、过程繁长、产品纯度低、硫酸消耗量大，而工业上未能广泛应用。

（二）氢氟酸分解法

钽铌精矿（钽铌铁矿、褐钇铌矿、锡渣富集物等）几乎均能被氢氟酸分解。在分解过程中，钽铌原料中的钽、铌、钛、硅、铁和锰都转入溶液；而稀土、碱土金属氟化物以及氟化钍等都保留在残渣中。所得到的氢氟酸分解液中除了钽、铌和钛以外，还含有硅、铁及其他许多金属杂质。

目前在工业上多采用有机溶剂萃取法来分离钽、铌。在分解钽铌精矿时，如果采用氢氟酸或 HF-H_2SO_4 混酸分解工艺，则可直接用 HF-H_2SO_4-有机溶剂体系进行钽铌萃取分离。

钽铌精矿经球磨后（精矿粒度要求小于 0.074mm（200目））直接进行酸分解，分解过程是在塑料、衬铅或衬硬橡胶的反应槽内进行的。首先把一定数量的高浓度（60% ~ 70%）氢氟酸和硫酸（用量一般过量 5% ~10%）加入分解槽内，在不断搅拌下慢慢加入磨细的精矿，控制温度小于60℃，矿粉加完后，升温到 80℃，保温分解 6 ~ 10h。分解产物过滤后，滤渣用低浓度氢氟酸溶液淋洗，当残渣中钽铌氧化物浓度小于 0.5% 时，做放射性废渣处理或回收铀和稀土金属。分解溶液则在分解槽或调酸槽内调整酸度和钽、铌浓度，供萃取分离用料。

第二节 钽铌分离提纯方法

在从钽铌精矿生产化合物的工艺过程中，钽、铌互相分离和钽、铌与杂质的分离是最艰难的任务之一。钽铌分离提纯的方法主要有氟络盐分步结晶法、选择还原法、氯化物蒸馏法、离子交换法、液-液萃取法。上述方法各有其工艺特点，但具有工业意义的是分步结晶法、氯化物蒸馏法和液-

液萃取法。液-液萃取法因萃取容量大、效果好、产品纯度高、生产过程连续化等优点在工业上获得普遍应用。

一、分步结晶法

分步结晶法是马林雅克提出的分离、提纯钽、铌的方法。其原理是根据氟络盐 K_2TaF_7 和 $K_2NbOF_5 \cdot H_2O$ 在溶液中溶解度的不同，用分步结晶法将钽、铌分离。另外，两种氟络盐晶体结构的差异，也有助于钽、铌分离。

该工艺流程包括以下步骤：

（1）溶解。钽铌混合水合氧化物溶解用35%～40%的氢氟酸，实际用量略高于理论用量。溶解是在衬塑料或衬胶槽中，加热至70～80℃下进行，然后澄清过滤。

（2）沉淀结晶。过滤后溶液稀释到一定体积，使 K_2NbOF_5 的浓度调整在3%～6%，低于其溶解度极限，HF的浓度控制在1%～2%；然后加钾盐，钾盐加到热的溶液中后，开始析出针状氟钽酸钾晶体，待溶液冷却后过滤出 K_2TaF_7，而 K_2NbOF_5 留在溶液中。为了提高 K_2TaF_7 晶体的纯度，可采用再结晶的方法，制得的 K_2TaF_7 晶体进行烘干。

（3）制取 $K_2NbOF_5 \cdot H_2O$。蒸发含 K_2NbOF_5 的母液，当母液中出现晶粒时，停止加热进行冷却，冷却后，析出 $K_2NbOF_5 \cdot H_2O$，然后再用重结晶方法进行提纯，提取 $K_2NbOF_5 \cdot H_2O$ 结晶后的母液可返回使用。

二、选择还原法

五价铌的化合物较相应五价钽的化合物易还原。钽的中间化合物在常态下不稳定，这一性质是选择还原法分离钽、铌的基本原理。因还原的化合物不同，有氯化物选择还原和氧化物选择还原。

（一）氯化物选择还原

氯化物选择还原有：

（1）氢选择还原。用氢还原钽、铌的混合氯化物时，$NbCl_5$ 被还原，$TaCl_5$ 不被还原，以达到分离钽、铌的效果。

（2）铝选择还原。用铝还原五氯化铌时，随着铝用量的不同，还原后可以获得不同的低价氯化物，如 $NbCl_4$、$NbCl_3$ 等，而五氯化钽不被还原，从而达到钽、铌分离的效果。

（二）氧化物选择还原

在1000℃下 Nb_2O_5 被 H_2 还原成 Nb_2O_4，而 Ta_2O_5 不与 H_2 发生反应。采用氢气还原钽铌混合氧化物时，经反复数次循环，可达到进一步分离钽和铌，但分离不彻底。

三、氯化物分步蒸馏法

分步蒸馏法的原理是基于钽、铌和杂质元素的氯化物的沸点不同，进行钽、铌分离。

钽铌精矿经氯化处理后，其钽铌氯化物一般含有某些杂质元素。除 $WOCl_4$、WCl_5 以外，其余金属氯化物的沸点比 $NbCl_5$、$TaCl_5$ 的沸点至少相差70℃，因而在氯化过程中经过粗蒸馏后就能得到比较纯的钽铌氯化物。再用分步蒸馏法很容易将五氯化钽和五氯化铌分离，因为这两种氯化物的沸点相差 14.3℃（$TaCl_5$ 沸点 234℃，$NbCl_5$ 沸点 248.3℃）。

蒸馏提纯的主要问题是钨的分离，因 WCl_5 的沸点比 $NbCl_5$ 只高 22℃，$WOCl_4$ 的沸点比 $TaCl_5$ 低 6.5℃。在钽铌原料中，尤其是锡渣，钨是主要杂质元素，所以氯化法处理钽铌原料也是有选择性的。

蒸馏提纯的另一个问题是铁，在蒸馏过程生成固态 $FeCl_2$，造成填料堵塞，影响传导和蒸馏效率，因此在氯化前应先除铁。

一般而言，蒸馏法的特点是生产效率高、分离效果好，这样制得的纯铌、钽氯化物可用于生产金属铌、钽的原料。

四、离子交换法

离子交换法也是一种有效的分离方法。由于离子交换法的某些缺点，如生产周期长、产率低和成本高，离子交换法分离钽、铌迄今未在工业生产中得到应用。

离子交换过程通常包括吸附和解吸两个过程：

（1）吸附过程。当含有金属离子的溶液流过装有离子交换树脂的交换柱时，需要回收分离的金属离子便由水相进入树脂相中，直至离子交换树脂溶液中的金属离子饱和时，吸附过程停止，转入解吸过程。

（2）解吸过程。向交换柱内通入某种淋洗液，将全部被吸附的金属离子从树脂内洗涤下来，获得一定浓度的金属离子的水溶液，用于提纯金属，树脂经再生后返回使用。

五、液-液萃取法

萃取是利用有机溶剂从不同混溶的溶液中把某种物质提取出来的一种方法，其实质是在水相与有机相中溶解分配的过程，由于物质在两种液相中交换，所以又称液-液萃取法。

萃取分为：萃取—洗涤—反萃取三个主要过程。萃取是指：将含有被萃取物的水溶液与有机相接触，使萃取剂与被萃取物作用，生成萃合物进入有机相。洗涤是指：用某种水溶液与有机萃取液充分接触，使进入有机相的杂质回到水相的过程。反萃取是指：用适当的水溶液（或其他某种溶液）与经过洗涤后的萃取液充分接触，使被萃物重新自有机相转入水相的过程。在萃取过程中，萃取体系由有机相和水相组成，有机相包括萃取剂、稀释剂，水相包括料液、洗涤液、反萃液、盐析剂等。

萃取分离钽、铌的有机溶剂一般有酮类、脂类、胺类和醇类等。工业常用的钽铌萃取剂有：甲基异丁基酮（MIBK，分子式 $C_5H_{10}CO$）、环乙酮（分子式 $C_6H_{10}O$）、磷酸三丁酯（TBP，分子式（C_4H_9O）$_3$PO）、乙酰胺（分子式 CH_3OONR_2）、仲辛醇（含甲庚酮 15%，分子式 CH_3-（CCH_2）$_5$（$OHCH_3$））。有机溶剂的缔合能力一般是酮类 > 醇类 > 醚类。在国外，大多采用甲基异丁基酮。在国内除宁夏东方钽业外大多采用仲辛醇。目前国内外分离钽、铌普遍采用 MIBK-HF-H_2SO_4-H_2O 萃取体系、仲辛醇-HF-H_2SO_4-H_2O 萃取体系萃取钽和铌。当钽、铌精矿用氢氟酸和硫酸分解时，钽、铌分别以氟钽酸、氟铌酸的络合物进入溶液，其他元素则以氟化络合物或硫酸盐进入溶液。

在液-液萃取分离钽、铌时，根据原料含钽、铌比的不同，可采用共萃取或分别萃取。目前国外已广泛采用共萃取，即先将钽、铌同时萃取到有机相中，然后从有机相中分离钽、铌。这种共萃取方法，不仅简化了设备，而且也便于操作。

钽、铌萃取设备普遍采用混合澄清槽式萃取器，也有采用塔式萃取器。

第三节 铌化合物的制取

重要的铌冶金中间产品有氧化铌、氟铌酸钾、碳化物、氯化物、氮化物和铌酸锂晶体、草酸铌晶体，其中氧化铌应用面最广，用量最大。

一、氧化铌的制取

铌是亲氧元素，很容易得到它们的氧化物，因此制取氧化铌的方法很多，如可以用在空气中加热使金属氧化、碳化物氧化、氮化物氧化、使各种化合物水解等。但能工业规模生产的方法主要有两种：以氢氟酸萃取工艺的反萃取液为原料制取和氯化冶金产出的五氯化物为原料制取。此外，铌还可以草酸铌为原料制取氧化铌和醇盐法制取氧化铌。

（一）由反萃取液制取五氧化二铌

用液-液萃取分离钽、铌过程中的铌液来制取五氧化二铌的方法为：在铌液中，铌以 H_2NbF_7 和 H_2NbOF_5 的形式存在，并含有一定量的 HF 和 H_2SO_4，当用氨中和至 pH 值为 8~9 时，即形成难溶于水的白色氢氧化铌，后经洗涤、烘干、煅烧，获得氧化铌。影响氧化铌质量的主要因素有：沉淀剂用量、铌液温度、洗涤条件和煅烧条件。

（二）由氯化物制取五氧化二铌

原料五氯化铌来自精矿氯化工艺的精馏产物。制取方法有：水溶液水解法、水蒸气水解法、与氧或含氧气体反应法、氨水中和法和醇盐法。

水溶液水解法是将氯化物按固液比为1∶13 溶解后在90~100℃下进行水解，采用热水水解可以避免形成氧化物胶体，有利于过滤，同时水溶液水解具有一定分离杂质的纯化作用。滤饼再用2% HCl + NH_4Cl 混合液洗涤，最后得到高纯度的产品。水溶液水解法的缺点在于氢氧化物过滤困难，劳动强度大，水解、过滤、干燥、煅烧等占用大量设备。

水蒸气水解法有气-固相反应水解和气-气相反应水解两种方法。前者为低温气-固相反应，后者为高温气-气相反应。方法多用于制备特纯级氧化物产品。

氨水中和法用 1mol/L 以上的氨水中和五氯化铌，可以得到含水量较少的水合氧化铌，但沉淀物容易生成难过滤的胶体。

（三）醇盐法制取高纯五氧化铌

先将五氯化铌磨细，在带搅拌和流水套的反应器中边搅拌边将氯化物连续地加入无水乙醇的反应器中，反应器通水冷却保持反应温度 40～50℃，反应固液比为 1：(0.9～1.1)，所得含有乙醇铌的乙醇溶液经过陈化、沉降分离后，在 160～300℃下蒸发浓缩，蒸发时产生的含有过量乙醇的尾气通过洗涤系统回收，蒸发浓缩产物（含五氧化物 90%～95%）在温度 850～900℃下通入空气或氧气时进行热分解，最后得到粒度分布均匀、化学活性大的纳米级高纯氧化铌产品。另外，也可以用水解法制取高纯氧化物。为防止氧化物凝聚，可在室温下边搅拌边进行水解，该法可获得活性好的超细氧化铌产品。

二、氟铌酸钾的制取

工业上生产氟铌酸钾的原料为溶剂萃取工艺中的反萃取液，工艺过程主要由反萃取液过滤、调酸、转化、控制冷却结晶、离心脱水和干燥等工序组成。含铌反萃取液先进行过滤除去残留的有机相及机械杂质，然后向所得过滤液中加入氢氟酸和纯水调整铌的浓度和酸度，再向调制好的溶液中边搅拌边加入 KCl 或 KF，使七氟铌酸转化为七氟铌酸钾晶体。结晶工艺有冷却结晶和控制冷结晶两种方法。两种工艺各有自己的优点，前一种工艺过程比较简单，操作方便，结晶颗粒较大，产品质量稳定；后一种工艺产品收率较高，晶型控制好，生产周期短，产能大，可连续化作业，效率高。两种工艺所得氟铌酸钾晶体均进行离心过滤或吸滤分离出结晶母液，脱水后的晶体进行干燥、混批，最后获合格产品。影响氟铌酸钾结晶效果和产品质量的因素主要有：转化时所用钾盐种类、结晶液酸度和铌浓度、反应温度等。

三、铌的卤化物的制取

卤族元素能和三种价态（Ⅲ、Ⅳ、Ⅴ）的铌生成简单化合物、配合物和原子族化合物。它们主要用于有机化工中的聚合、烃化、氯化、异构化、还原、氟化等过程的催化剂。

铌的卤化物中比较常见的有 NbF_5、$NbCl_5$、$NbBr_5$ 和 NbI_5 等。$NbCl_5$ 的典型制造方法有：金属铌在 300～350℃下与氯气直接反应；碳存在时在 700～800℃下使五氧化铌与氯气反应；金属铌在 350～410℃下与干燥的氯化氢气体反应；在 300～350℃下将铌的硫化物与氯气反应。

在铌的卤化物中，五卤化物中的卤素更容易为氧所取代，形成含有稳定的卤氧化物；铌卤化物大都是挥发性化合物，其中氟化物能很好地溶于水而仅部分水解，其他卤化物则易水解并生成难溶性化合物。

四、铌酸锂晶体的制取

铌酸锂晶体主要应用于激光领域，如全息照相及光存储。特别是 20 世纪 60 年代末发展起来的微声表面波技术，对铌酸锂晶体提出了多方面的需要，用铌酸锂晶体制作电视机中频滤波器使其用途得到广泛的发展。

铌酸锂晶体制取的工艺过程包括多晶体的合成、拉晶、退火与极化三大重要环节。其中多晶体的合成包括高纯

Nb_2O_5 与光谱纯碳酸锂的配料、混合、压块和烧结，烧结温度为 1100～1150℃，保温 3h。拉晶过程中控制温度梯度是晶体生长的第二个环节，适宜而稳定的热场是晶体生长的重要物理条件。退火与极化：晶体因在非等晶炉中生长，受到热冲击引起应力，因此应在退火炉内退火，消除应力，防止开裂。

影响晶体质量的因素有：原料及配比、籽晶质量、温度梯度、拉速与转速、坩埚的形状等。另外，生产环境、器皿、炉膛及籽晶夹头和操作等对物料的污染，提拉设备的振动，温度的测量精度和功率控制等都会对晶体的质量产生直接的影响。

五、草酸铌的制取

草酸铌既可以直接由萃取流程中的铌液制取；也可以由水合氧化铌或新鲜的未经高温煅烧过的氢氧化铌和草酸反应，重结晶的办法制取。工艺过程主要由草酸铌合成、冷却结晶、洗涤过滤、调酸重溶、冷却再结晶、离心脱水和干燥等工序组成。草酸铌合成在塑料槽中进行，温度 70～75℃，铌和草酸的摩尔比为（3 ～ 3.5）：1，合成后立即趁热过滤。一次结晶和二次结晶的过滤母液经过减压蒸发后，溶液通过热过滤并冷却结晶回收再利用。

六、氮化铌的制取

铌氮化物的制取方法一般分为两种。第一种是由五氧化二铌和氨分两步相互反应，先在800℃下形成氮氧化物，然后在1300℃由氮氧化物生成铌的氮化物，所获得的氮化铌含13.1%的氮和0.2%的氧。第二种是氧化铌和碳的混合物在1570℃下由氮热还原生成铌的氮化物，所获得的氮化铌含12%的氮和0.85%的氧。

七、碳化铌的制取

碳化铌是通过氧化铌粉末与碳混合，在碳管炉中氢气保护下，经过高温进行一次及二次碳化而获得。其工艺过程主要包括：配料混合、一次碳化、球磨过筛、配调、二次真空碳化、球磨过筛。在碳化过程中，影响碳化物质量的主要因素有：配碳量、原料粒度与纯度、装料方式、碳化温度、碳化时间等。

第二章　金属铌的制备

金属铌通常是通过还原铌的化合物来制取的，这些化合物有氧化物、氟化物和氯化物等。还原方法一般可分为金属热还原法、非金属热还原法和熔盐电解还原法。

第一节　氧化物还原制取金属铌

氧化铌是比较稳定的化合物，只有还原性很强的金属（如钾、钠、钙、镁、铝）和非金属（碳、氢）等才能还原氧化铌。用金属还原制取的金属铌中还原剂金属含量高，要用真空电弧炉或电子束炉熔炼进行提纯。另外，还原过程一般需要加入助熔剂（如硫黄）降低渣的熔点，有利于金属铌与渣的分离。

氢还原制取金属铌没有实际意义，而碳热还原法是工业上实际采用的方法。碳热还原法一般有直接还原和间接还原两种工艺，其中间接还原法是先将氧化铌与炭黑反应生成碳化铌，然后将氧化铌与碳化铌混合压条，在真空下还原生成金属铌。氧化铌碳还原法制取金属铌详见本篇第四章的叙述。

第二节　氯化物还原制取金属铌

铌的氯化物可以通过金属（如钾、钠、钙、镁、铝热还原铌）和氢还原制取金属铌。铌的氯化物与氧化物相比，其金属热还原具有某些优点：还原温度较低，可在常压下进行；还原产物容易分离，因为产出的氯化物更易溶于水；还原副产物易挥发，有利于铌金属的进一步提纯。

一、氯化物的镁还原

氯化物镁还原制取金属铌的工艺流程包括氯化铌的镁还原、粗铌真空蒸馏、烧结、铌的电子束炉精炼。还原过程要求连续不断地向熔融的镁中添加 $NbCl_5$ 粉末而不能中断，并定期从反应罐中清理出反应渣。真空蒸馏是在 1100℃ 的真空条件下除去粗铌包裹的副产品 $MgCl_2$ 和未反应的金属镁。

二、氯化物的氢还原

$NbCl_5$ 的氢还原分两步进行，第一步还原成 $NbCl_3$，第二步 $NbCl_3$ 再还原或歧化成金属铌。氢还原氯化铌能够在比热分解法所需低得多的温度下进行，还原可以在大气压下进行。

第三节　熔盐电解法制取金属铌

熔盐电解法早期在铌的工业生产中得到应用。铌的氧化物、氯化物、氟化物的理论分解电压表明，用熔盐电解可以制得金属铌。铌的电解是在混合电解质组成的熔融盐体系中进行的，目的是降低操作温度和提高电解质的导电性。在这些熔盐体系中，电解质的分解电压必须高于铌化合物的分解电压才能获得纯金属铌，一般采用碱金属氯化物、氟化物作电解质。电解过程析出的铌金属质量的影响因素主要有：电解质成分、电解温度、电流密度等。电解所制得阴极铌经水洗和盐酸洗，再水洗、烘干。

第三章　铝热还原制取铌铁

铌铁（NbFe）是最大的铌中间产品。作为母合金，它们大量用于合金钢和超级合金的生产。铌铁产品国际上通常分为标准级铌铁和高纯级铌铁。前者是以铌精矿（如巴西的烧绿石精矿）为原料，后者是以工业氧化铌或高纯氧化铌为原料。中国按铌铁中含铌量的不同又分为高级铌铁（Nb 60%～70%）、中级铌铁（Nb约30%）和低级铌铁（Nb小于20%）。

工业生产中主要采用铝热还原的方法，铝热还原是一种自热反应过程，不需要外部加热，生产工序短，设备、操作简单易行，是所有还原方法中最为经济的一种。

铝热还原反应是在金属铝和反应渣都熔化的温度下进行的，为了提高铌的回收率，还原剂铝必须过量。为了降低渣的熔点，提高铌的回收率，需要向炉料中加入约为氧化铌重30%的石灰，以便生成铝酸钙。为了降低渣的黏度，易于排放熔体，也可以用镁石粉代替炉料中的部分石灰。

一般认为铝热还原反应释放的热量足以使反应达到2200～2400℃，使铌精矿中的铌达到完全还原，但若是以纯氧化铌为原料时，还必须放入氧化铁（Fe_2O_3）以增加反应放热，使反应产物保持液体状态。

铌铁的生产方式主要有上点火原地炉外还原法、半连续自动热补偿还原法下点火熔炼炉外排放法、电炉还原等方法。

第一节 原地炉外还原法

传统的原地炉外还原法是各国生产铌铁应用最广泛的方

法。该工艺过程包括精矿预处理和炉外还原两个阶段。

一、精矿预处理

精矿预处理的目的是除去精矿中含有的磷、硫等有害杂质元素。主要采用湿法处理，即将精矿和氯化钙与石灰混合，在回转窑中800～900℃下焙烧1h，焙烧产生的氯化氢和氯化铅挥发，经冷却塔冷却，最后收集在收集塔中。所生成的氯化钡和由硫转化成的硫酸作用以硫酸钡形式除去，然后焙烧熟料用5% HCl浸洗2次并过滤，滤饼用水浸洗并过滤，所得滤饼烘干待用。

二、炉外热还原

将各种原料按计算的比例和数量过磅、配料、混合、装料，然后在敞式炉中用镁屑点燃，反应便开始自动进行。熔炼过程大约持续15min，最高温度为2200～2400℃，熔炼完毕，在重力作用下渣与铌铁自行分离。巴西工艺的投料量和配比见表4-1。

表4-1 巴西工艺的投料量和配比

原 料	投料量/kg	配比/%
烧绿石精矿（60% Nb_2O_5）	18000	61.54
赤铁矿（68% Fe）	4000	13.67
铝 粉	6000	20.52
萤 石	750	2.56
石 灰	500	1.71
合 计	29250	100

第二节　半连续自动热补偿还原工艺

为了克服炉外法烟气难以控制的特点，开发了一种半连续热补偿还原生产铌铁的工艺方法，使还原反应能在一个封闭的容器中进行。该方法主要是引进了浸入式电弧炉(4.25MW或10.5WM)，采用原料自动混合，用金属铁粉代替赤铁矿。处理时先将铌精矿和石油焦与膨润土混合制成球团，然后球团在烧结炉中烧结脱去水分和硫。脱水后的球团再进电弧炉中精炼，精炼时石油焦中的碳将磷和铅的氧化物还原。被还原的铅经过挥发重新氧化后由布袋收尘器回收，磷则以铁磷合金的形成聚集在炉子的底部。经过精炼产出的液态铌铁从炉中流出，水冷后就成为球化了的铌铁产品。

第三节　下点火熔炼炉外排放法

下点火熔炼炉外排放法是俄罗斯采用的方法。相对于上点火式，采用下点火式可以靠加料来控制熔炼速度，由于熔炼时整个反应过程和熔体均为料层所覆盖，热损失较少，熔炼过程比较平稳，以细小颗粒混入渣中的合金的损失也少。

铌铁冶炼在直径为1.6m、内衬菱镁石砖的可移动敞式炉中进行。工艺流程为：炉料中加入黏合剂经压实机压成团块，经250～300℃干燥后，在倾斜式熔炼炉中熔炼。在点火剂熔化后开始装料，控制炉料的还原速度为160～180kg/

(m^3 · min)，还原后的金属液滴经过石灰渣层时因发生交换反应而得以将硫除掉。反应完毕后，最后将反应物金属和渣浇注在内衬小车的铸模内。

第四节 电炉还原法

电炉铝热还原主要应用于生产高纯铌铁和镍铌等其他铌基中间合金，其生产方法近似，这里不再介绍。根据生产规模，用于高纯铌铁和镍铁母合金生产的设备主要有两种：陶瓷质炉和耐用坩埚炉。陶瓷质反应炉主要为纯氧化铝做成，由于还原后分离金属产品和渣时会损坏炉子，基本上是一次性使用，生产成本较高，这种炉子主要用于生产质地要求高和大规格的金属锭。由于装炉量大，反应后冷却速度非常慢，可使金属和熔渣充分分离，从而降低残渣夹杂到母合金中的危险。耐用坩埚炉主要用铜合金铸造而成，这种铸造坩埚有非常光滑和致密的表面，铸模可以重复使用。

第四章 碳热还原法制取金属铌

真空碳热还原法是传统的生产金属铌的方法之一。其主要优点是产品收率高，生产成本低，可获得纯度较高的金属铌条和金属铌粉。其缺点是装炉量较小，生产周期长。

工业生产中，碳热还原有两种工艺，即直接还原工艺和间接还原工艺。直接还原工艺是用碳直接还原五氧化二铌获得金属铌，其制得的金属铌粉呈海绵状，其表面积较大，金属杂质与氮含量较低，适用于电容器级铌粉的生产。间接还原工艺是先制备碳化铌，然后再用碳化铌还原五氧化二铌获得金属铌，适用于金属铌条、铌锭及加工材的生产。

本章主要介绍间接还原制备金属铌的工艺方法和氢化制取铌粉。间接还原制备金属铌的工艺方法主要包括：五氧化二铌碳化制备碳化铌、碳化铌真空还原五氧化二铌制备金属铌两个主要过程。

第一节 碳化铌的制备

碳化的任务是将 Nb_2O_5 和炭黑按照一定比例配成的碳化料在氢气保护下的碳管炉中，经过两次高温碳化，获得符合要求的碳化铌。

一、原料及配料

碳化铌生产所用的原料为 Nb_2O_5 和炭黑。Nb_2O_5 的技术要求应符合 GB 3627—83 规定。炭黑的配料比例是根据碳化 Nb_2O_5 的理论量乘以一定系数。

二、碳化设备及工艺过程

碳化是在石墨管电炉内进行的。

碳化工艺流程包括：一次碳化、磨筛、补碳混合、二次碳化、磨筛混合。

碳化工艺条件：碳化温度为1900～2000℃；装料量为一次碳化1～1.5kg/舟、二次碳化4～5kg/舟；推舟速度为20～30min/舟；氢气流量不小于$0.4m^3/h$。

碳化工艺过程：首先检查设备、电器仪表是否正常，冷却水管及氢气管路是否畅通；启动排风机；向炉内通入正压氢气，经试爆合格后，点燃炉端排气口的氢气；将混合均匀的碳化物料装入石墨舟炉皿中；由进料推舟机将舟皿推进炉内；然后按工艺条件进行正常的操作。在整个碳化操作过程中，必须严格执行氢气使用规程，确保生产正常与人身、设备的安全。经一次碳化及二次碳化后的碳化铌均需先经棒磨机或球磨机进行粗磨，再经筛磨机细磨，磨筛后获得粒度符合要求的NbC粉末。混合后，取样分析。

三、影响碳化铌质量的主要因素

碳化铌生产过程中，影响产品质量的主要因素有配碳比、碳化温度、碳化时间、碳化次数等方面。

第二节　真空还原

真空还原的任务是将NbC和Nb_2O_5按照一定比例混合压制成型，在真空条件下的碳管炉中高温还原，放出一氧化碳，获得符合要求的金属铌。

一、真空还原设备及工艺过程

真空还原工艺流程包括：配料混合、过筛、压制、真空还原。

（一）混料

将 NbC 和 Nb_2O_5 按照一定比例放入混料机，混料 24h。经混后的物料颜色呈灰色，均匀一致无白点，取样分析总碳与计算出的总碳含量要求相差 0.2% 以内。对于超差的物料需另行处理。符合要求的物料经过筛后备用。

（二）还原料的压制成型

将掺有成型剂的混合料装入特别的压膜中，经油压机或液等静压机压制成型，使产品具有所需要的形状和尺寸。影响坯条质量的因素诸多，既有原料粉末因素，也有模具、压机、操作方法和工艺的影响，还包括粉末粒形、粉末粒度等。

（三）真空还原

真空还原一般在立式真空石墨管状电阻炉内进行。将压制好的坯条装入石墨坩埚后，放入还原炉。抽空达到要求后送电，典型的升温制度为：常温至 1400℃，1 ~ 2h 升到，保温至真空度为 40Pa；1400 ~ 1600℃，一次升到，保温至真空度为 13.3Pa；1600 ~ 1850℃，一次升到，保温至 0.133Pa 后再保温 6 ~ 8h；1850 ~ 1950℃，一次升到，保温 15h，停电冷却。

二、影响金属铌质量和还原程度的主要因素

在金属铌的生产过程中，影响铌质量的主要因素是碳氧配比、还原温度和真空度。还原程度取决于升温制度及保温

时间，通常可以由真空度和放气量来判断还原程度，当炉内真空度高、放气量小时说明反应已经基本完成。

第三节 还原铌条的质量要求

间接还原生产的金属铌条，不仅要求一定的化学纯度，而且要求良好的物理外观。铌条生产中常见的质量问题与处理措施见表 4-2。

表 4-2 铌条生产中常见的质量问题与处理措施

质量问题	处 理 措 施
产品弯曲	调整吊料高度、装料力求垂直，条与条之间紧靠，坩埚横梁放置平衡等
表面渗碳	新坩埚及新加热器在使用前应先涂上 Nb_2O_5，经高温煅烧处理
铌条断面过熔或夹心	选择适当的 NbC 粒度和控制合理的还原升温制度，适当延长低温阶段保温时间

第四节 氢 化 制 粉

氢化制粉是基于铌的吸氢特性。在一定条件下，将金属铌条氢化成脆性的氢化铌，后经破碎、过筛而获得氢化铌粉，再经脱氢后获得金属铌粉。

一、铌条的氢化工艺过程及设备

在工业生产中，铌条的氢化可以采用多种方式，一种是在还原的降温冷却过程中，向炉内直接通入氢气，使铌条吸氢被氢化；另一种是将还原好的铌条出炉后，装入另设置的氢化炉内，抽真空加热，通氢氢化。这种方式需要另行添置氢化炉及抽真空等系统。用于氢化的氢气，使用前必须进行净化处理。

工业上常用的氢化设备有真空感应炉、真空碳管炉、外热坩埚电炉。真空感应炉是目前较为理想的氢化设备之一。

二、脱氢工艺过程及设备

脱氢的任务是将氢化铌破碎成粉末，然后在一定条件下除去金属粉末中的氢，获得合格的金属铌粉。

脱氢过程：将 NbH 粉装入坩埚中，装料方式可以采用粉末松装，也可以成型条装。置于脱氢炉内，当炉内冷抽至真空达到工艺要求，并经试漏合格后方可送电升温，升温速度应根据真空度的高低来确定。一般在脱氢过程控制真空度小于 50Pa，可缓慢地升压升温，升至工艺所需温度，保温一段时间至所需真空度，停电冷却。冷却可以真空冷却也可以采用通氩气保护冷却。

脱氢的设备可以根据生产实际需要，选用坩埚电炉、真空感应炉或真空钼丝炉等。

第五章　致密金属铌的制取

为生产具有延性的致密金属铌，必须采用粉末冶金法或真空熔炼法制精炼提纯铌坯锭，再进行压力加工。在冶炼坯锭过程中，由于是在高真空、高温下进行，这样对金属铌起到精炼提纯作用，有利于下一步加工成铌及其合金材。目前，中国较全面地掌握了难熔金属加工技术，并拥有现代化的烧结、熔炼、压力加工、热处理等装备。至今，中国已能生产数十种铌及其合金产品，其中包括铌及铌合金材、铌超导材等。

第一节　粉末冶金法

粉末冶金过程主要包括成型和烧结两大部分。首先将金属粉末经调配混合、压制成金属坯条，经高温烧结获得较高纯度并具有一定物理力学性能的致密金属条。成型是为了获得具有一定形状、尺寸和强度的粉末坯料；烧结是为了使金属致密化和提纯，便于下一步压力加工。

一、粉末成型

铌粉末的成型，是借助于压机的压力，在模具中将粉末压制成具有一定的几何形状、尺寸、密度和强度的坯料。铌粉末成型的方法主要有钢模冷压和等静压成型。影响型坯质量的主要因素有粉末特性、成型剂、压制压力、模具和压力机等。

二、坯料真空烧结

铌真空烧结法按其加热方式可分为真空直接加热烧结和真空间接加热烧结。真空直接加热烧结称为垂熔烧结，即将大电流直接通过坯料，由坯料本身电阻产生热量而实现高温烧结的目的。间接加热是通过辐射加热或感应加热来实现的。用于铌坯料烧结的主要设备有真空垂熔炉和真空中频感应炉，在实际生产中，根据坯料规格大小、工艺要求选择炉型。在烧结过程中，影响坯条质量的主要因素有烧结温度、烧结时间、烧结气氛、粉末性能和压坯密度等。另外，真空烧结还具有提纯作用。

根据铌坯料规格尺寸和加工用途选择并制定合理的烧结工艺。铌的最高烧结温度一般取金属熔点的85%～90%，如铌为2200℃，同时也要考虑测温和实际温度的偏差。

第二节　真空熔炼法

铌锭生产与钽锭生产一样，主要采用电子束熔炼和真空自耗电弧熔炼。从两种熔炼方法比较来看，电子束熔炼的精炼效果最好，但金属挥发损失也最大；真空自耗电弧熔炼也是用于工业级钽、铌及其合金锭的生产，它的缺点是必须先将熔炼的金属材制备成自耗电极。在铌铸锭生产中，有时将真空电子束熔炼与真空自耗电弧熔炼联合使用。

一、电子束熔炼

（一）基本原理

电子束熔炼是利用高速电子束流的动能转变为热能作热源的一种熔炼。电子束流是在高真空中的高压电场下，阴极被加热到足以使自由电子发射的温度时发射的热电子流。在加速电压作用下，电子以极高的速度向阳极运动，通过聚焦，偏转使电子成束，准确地轰击到炉料和熔池表面。

影响精炼效果的主要因素有：原料的纯度、真空度、熔速与熔次、比电能和熔炼功率、熔炼方式等。

（二）电子束炉

根据电子枪的结构和装设部位的不同，可将电子束炉分为两大类：环状阴极电子枪型电子束炉和远聚焦多室电子束炉。环型阴极型电子束炉的电子发射源由一个装在熔炼室的环型加热线组成。远聚焦多室电子束炉电子束是采用远聚焦电子束发生的，电子源在距离熔池几英尺的隔离室中，且借助于孔板与熔炼室局部绝缘，其主要由熔炼室、电子枪、真空系统、电子束电源及其控制部分组成。

电子束熔炼工艺参数组要包括熔炼率、比电能、熔化速度、拉锭速度和真空度等。铌通常采用垂直坯料的电子束无坩埚区熔法。

电子束熔炼具有三大特点：热量可集中到任何平面上，并能保证完全控制能量的密度和能量的分布；不需要借助于任何物体就能把发射点的能量传到待加热的材料上，既不像电弧熔炼那样需要气体，也不像电阻加热那样需要导热体；加热可在真空进行。

二、真空自耗电弧熔炼

（一）基本原理

在真空下利用电极和坩埚两极间电弧放电产生的高温作

热源，将金属材料熔化并在坩埚内冷凝成锭的过程，称做真空电弧熔炼。真空电弧熔炼又分自耗电极和非自耗电极熔炼。电极由被熔炼金属制成，在熔炼中不断被熔化滴入坩埚冷凝成锭，称做真空自耗电弧熔炼。自耗电弧熔炼一般是用直流电源，以电极为阴极，以坩埚为阳极的熔炼。

（二）真空自耗电弧炉

真空自耗电弧炉按其结构形式可分为炉体固定式和炉体移动式；按铸锭方式可分为固定铸锭式和抽锭式，但炉子的基本结构是相同的，主要由炉体、真空系统、电极升降机构、主电源、坩埚系统、冷却系统等组成。

真空自耗电弧熔炼工艺参数包括熔炼功率、熔炼速度、坩埚比、底垫、熔炼真空、熔炼次数等。

三、真空熔炼铌铸锭主要生产工序

铌铸锭主要生产工序包括：铌条捆扎组焊、一次（或两次）电子束熔炼、自耗电弧熔炼、切除底垫和头部、扒皮、取样。

经电子束熔炼或真空自耗电弧熔炼制得的铌铸锭，一般要经过扒皮除去表面缺陷，切除顶部缩孔，疏松部位，切除底垫，使尺寸、形状符合坯锭的要求。铸锭的处理视铸锭质量而定，也可不经过扒皮处理。

第六章 铌合金及其制备加工工艺

铌合金是非常引人注目的高温材料，它具有很好的高温强度和良好的低温塑性。另外，铌还有小的热中子吸收截面、抗液态金属腐蚀和良好的超导电性（如 Nb_3Sn 金属间化合物、铌-锆合金和铌-钛合金）等一系列优异特性，使铌合金被认为是最有发展前途的高温材料之一。

第一节　铌合金的分类

铌基合金一般按功能特性和强度划分，通常分为六类：高强度合金、中等强度和塑性合金、低强度和高塑性合金、高强度和抗氧化合金、塑性抗氧化合金、抗蚀合金。也有的分为三类：结构合金、抗蚀合金和功能性精密合金，其中结构合金又细分为高强度合金、中等强度合金和低强度合金。

第二节　合金元素及强化机理

合金化是改善金属铌性能的最重要措施。向铌中加入合金元素可以获得材料的特殊性能，如提高强度、改善抗氧化性能、提高塑性和工艺性能等。有两类元素可以影响铌的性能，一类是金属元素，另一类是氧、氢、氮、碳等间歇元素。金属元素主要是元素周期表中的 VI_B 族元素 Cr、Mo、W，V_B 族元素 V 和 Ta，IV_B 族元素 Ti、Zr、Hf 以及 Al、Si、Sn 等。它们可以一种或者多种金属加入，形成两元或者多元合金，其强化机理是依靠固溶强化、沉淀强化和加工硬化等来实现的。间歇元素是室温下铌的最强的强化剂，它们只有在存在有易于生成氧化物、氮化物、碳化物的元素（主要是 Ti、Zr、Hf）时，才能对铌的强度产生积极影响。

第三节　铌合金的制备

铌合金的工业生产，首先将粉末制成合金坯条，然后进行高温烧结法或熔铸法获得锭坯或铸件，但以熔铸法用得最多，熔铸法又以电子束熔炼和电弧炉熔炼为主。

铌合金坯条的生产一般有还原法和粉末冶金法两种。还原法又称一次还原法，是将五氧化二铌加入还原剂碳化铌和合金元素，经配料混合，压制成型，在真空炉内还原，获得合金坯条。粉末冶金法也称二次还原法，是先采用碳热还原法获得金属铌粉，然后加入合金元素，经真空还原而获得合金坯条。

铌合金烧结或熔铸的装备与金属铌的一样，用于铌合金坯料烧结的主要设备有真空垂熔炉和真空中频感应炉，用于熔铸的装备主要采用电子束熔炼炉和真空自耗电弧炉。铌合金的烧结或熔铸工艺与金属铌的工艺也很相似，这里不再重述。

第四节　铌合金的加工

电弧炉熔炼或电子束熔炼的铌合金铸锭都具有粗大的晶

粒组织，必须首先经过挤压或锻造开坯破碎其晶粒之后，才能进一步加工成材。

在加工过程中，铌合金表面氧化生成疏松的氧化物，且能渗入合金基体中，形成坚硬的渗透层，加工时产生裂纹，加工困难，因此，在整个加工过程中要设法保护金属表面不被氧化。目前，铌坯料的加热方式为：坯料包在金属套内、涂层、盐浴加热、惰性气体保护。

铌合金加工方法，一般采用挤压、锻造、轧制等。

一、挤压

挤压法可生产不同规格的金属管、棒、型材，电弧熔炼铸锭晶粒粗大，间隙杂质集中在晶界上，因而塑性较差，需先经挤压开坯，然后再用其他方法加工。

二、锻造

铌的铸锭可直接锻造成轧制板坯，可采用玻璃涂层作润滑剂。电子束和电弧熔炼的锭虽然具有较好的塑性足以锻造而不开裂，但为了减少变形抗力，一般仍需加热。大部分粉末冶金的铌合金很难锻造。

三、轧制

铌合金板材的轧制，通常采用二辊或四辊轧机，煤油或棕榈油为润滑剂，道次变形量为 10% ~15%，轧制 2.5mm 薄板时，总变形量为 70% ~80%。

第七章　铌的分析检测

铌的分析一般分为元素分析、状态分析、表面分析和观察分析等几大类。铌的化学成分分析主要有化学分析和仪器分析两大类，其常用方法见表4-3。表4-4为各种分析方法的分析技术性能比较。表4-5为铌及其产品的状态分析、表面分析和观察分析主要方法。

大部分仪器分析的样品均需要进行预处理（如化学处理），以减少对铌分析的干扰。

表4-3　铌的化学成分分析常用方法

分析技术	分析方法	理论依据
化学分析法	重量法、滴定法、比色法	纯化学反应
电化学分析法	极谱法、离子选择电极法、电极氧化-还原法	电化学
分子光谱分析法	吸光光度法、荧光分光光度法、红外光谱法	分子光谱学
原子光谱分析法	原子发射光谱法、原子吸收光谱法、原子荧光光谱法	原子光谱学
X射线分析法	X射线荧光光谱法	X射线光谱学
放射化学分析法	中子活化分析、质子活化分析	核物理、核化学
质谱分析法	电感耦合等离子质谱法、辉光放电质谱法	质谱学

表 4-4 各种分析方法的分析技术性能比较

分析技术	测定范围	测定元素	多元素同时测定	检出限	精度（RSD）/%	设备费用
化学法	1 ~ 0.001	大多数元素	不能	0.0001 ~ 0.001	1 ~ 5	小
X 射线荧光光谱法	1 ~ 0.001	原子序数 9 以上元素	能	0.0001 ~ 0.001	1 ~ 5	大
气体分析法	10^{-3} ~ 10^{-6}	H、O、C、N、S	不能	0.1×10^{-6} ~ 10×10^{-6}	5 ~ 10	中
极谱法	10^{-3} ~ 10^{-6}	大多数元素	不能	0.1×10^{-6} ~ 10×10^{-6}	1 ~ 5	中小
吸光光度法	10^{-3} ~ 10^{-6}	大多数元素	不能	1×10^{-6} ~ 10×10^{-6}	1 ~ 5	中小
火焰光度法	10^{-3} ~ 10^{-6}	碱金属、碱土金属元素	不能	0.1×10^{-6} ~ 10×10^{-6}	1 ~ 5	中小
火焰原子吸收法	10^{-3} ~ 10^{-6}	全部金属、部分非金属	不能	0.1×10^{-6} ~ 10×10^{-6}	1 ~ 5	中小
直接光谱法	10^{-3} ~ 10^{-6}	全部金属、部分非金属	能	0.1×10^{-6} ~ 10×10^{-6}	1 ~ 10	中
化学光谱法	10^{-6} ~ 10^{-9}	全部金属、部分非金属	能	0.001×10^{-6} ~ 0.1×10^{-6}	3 ~ 20	中
石墨炉原子吸收法	10^{-6} ~ 10^{-9}	全部金属、部分非金属	不能	0.001×10^{-6} ~ 0.1×10^{-6}	3 ~ 20	中
质谱法	10^{-6} ~ 10^{-9}	全部元素	能	0.001×10^{-6} ~ 0.1×10^{-6}	10 ~ 50	大
中子活化法	10^{-6} ~ 10^{-9}	大多数元素	不能	$<0.001 \times 10^{-6}$ ~ 10×10^{-6}	1 ~ 5	极大

表 4-5　铌及其产品的状态分析、表面分析和观察分析主要方法

状态分析方法	表面分析方法	微组织结构分析方法
XDS（X 射线衍射分析）	AES（俄歇电子能谱法）	AEM（分析电子显微镜）
FT-IR（傅里叶变换红外光谱法）	ISCA（光电子能谱法）	HVEM（超高压电子显微镜）
HPLC（高效液相色谱分析法）	GDS（辉光发电发射光谱法）	LEED（低能量电子衍射法）
GC-MS（气相色谱-质谱分析法）	ISS（离子散射能谱法）	STEM（扫描透射电子显微镜）
LC-MS（液相色谱-质谱分析法）	SAM（扫描俄歇显微探针）	
HRELS（高分辨率电子能量损失谱法）	SIMS（二次离子质谱法）	
LPRM（激光探针喇曼光谱法）	UPS（紫外光电子能谱法）	
NMR（核磁共振）	XPS（X 射线光电了能谱法）	
RPLC（反应液相色谱法）		
ILC（薄层色谱法）		

第五篇

铌工业生产与供应

世界铌的生产和供应有三大特点：

（1）资源集中，仅巴西 CBMM 的储量足够全世界消费 500 年以上。

（2）世界目前铌产品（折合成 Nb_2O_5）年产量稳定在 3.5 万吨，随时可以扩大产能，价格稳定。

（3）主要用于生产高强度低合金钢（HSLA）的铌铁占铌市场供应量的约 80% 以上。

第一章　世界铌原料的生产与供给

第一节　世界铌原料的类型

铌原料可以分为两类：一类是一次资源，主要是指直接从矿山开采铌的烧绿石，开采钽铌的铌铁矿-钽铁矿等；另一类是二次资源，包括从各种其他矿产中回收的铌原料（如锡渣等）和从工业回收的铌废料。

第二节　世界铌矿石产量

世界铌资源储量巨大，足以供应计划的需求。全球生产量在 2008 年以后变化不大，主要生产国有巴西和加拿大。世界铌矿石生产量及生产动向见表 5-1、图 5-1 和图 5-2。

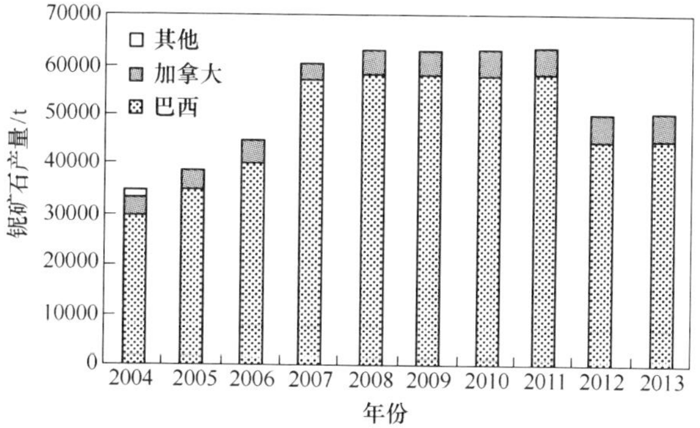

图 5-1 世界铌矿石生产动向

（资料来源：JSI）

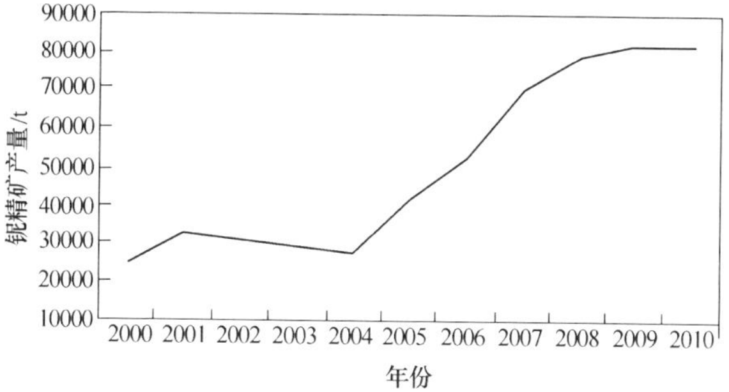

图 5-2 全球铌精矿产量

（资料来源：BGS）

图 5-2 中曲线显示铌产量在 2004 ~ 2010 年呈现稳步增长，铌产量从 2000 年约 2 万吨增加到 2010 年的 8 万多吨，这是车辆制造、建筑施工以及制造船舶和炼油设备对含铌高强度低合金钢需求量增加推动所致。钢材消费量增长一直与

表 5-1 世界铌矿石(含 Nb_2O_5)生产量 (t)

年份	2002	2003	2004	2005	2006	2007	2008	2009	2010	2011	2012	2013	2013/2012	占比/%
巴西	26000	29000	29900	35000	40000	57300	58000	58000	58000	58000	45000	45000	1	91
加拿大	3410	3280	3450	3310	4167	3020	4380	4330	4420	4400	5000	5000	1.06	8
其他	490	520	650	390	333	80	520	570	520	600	700	700	1.87	1
合计	29900	32800	34000	38700	44500	60400	62900	62900	62940	63400	50100	51000	1.02	100
FeNb 换算①	46000	50462	52308	59538	68462	92923	96769	96769	96831	97538	77077	78462	1.02	

注：资料来源于美国地质调查局(USGS)编写的“Mineral Commodity Summaries Niobium(Columbium)”。

① 按 FeNb 65% 换算率。

新兴市场，尤其是金砖四国（即巴西、中国、印度和俄罗斯）的经济增长密切相关。表5-2为国外典型的铌精矿组成，表5-3为中国铌铁矿精矿质量标准。

表5-2　国外典型的铌精矿组成（巴西烧绿石精矿）　（%）

精矿石	Nb_2O_5	CaO	BaO	Fe_2O_3	ThO_2	P	S
浮选精矿	55～60	15～20	15～18	2～8	2～3	0.3～0.8	0.02～0.2
化学处理后精矿	59～65	0～0.2	2～3	2～8	2～3	0.05～0.1	0.01～0.05

表5-3　中国铌铁矿精矿质量标准（YS/T 395—1994）　（%）

级别	类别	$(Ta+Nb)_2O_5$	Ta_2O_5	杂质含量				
				Fe_2O_5	TiO_2	SiO_2	Sn	P
特级	1	≥65.00	≥5.00	≤2.50	≤3.0	≤3.50	≤0.40	≤0.35
	2		<5.00					
一级	1	≥60.00	≥5.00	≤3.50	≤4.0	≤4.50	≤0.50	≤0.40
	2		<5.00					
二级	1	≥55.00	≥5.00	≤7.50	≤5.0	≤5.00	—	≤0.50
	2		<5.00					
三级	1	≥50.00	≥5.00	≤9.00	≤6.5	≤5.50	—	≤0.60
	2		<5.00					
四级	1	≥45.00	≥5.00	≤9.00	≤8.0	≤10.0	—	≤0.60
	2		<5.00					

第三节　世界主要矿山及产能

一、阿拉克萨（Araxá）矿山

世界最大的烧绿石矿床位于巴西 Minas Gerais 州的

Araxá，归 CBMM 所有（见图 5-3）。Araxá 矿山的矿石品位含 Nb_2O_5 2.5% ~3%，以露天开采方式运营，不需要钻孔或爆破。Araxá 矿床储藏着约 4.6 亿吨铌矿石，该矿储量巨大，按全球目前需求量足以供应 500 年。Araxá 矿目前生产供应量占世界铌产品需求的 65% ~70%。

图 5-3　CBMM 的 Araxá 铌矿

二、Catalão 露天矿

Catalão 露天矿是世界第二大烧绿石矿床，由 Anglo American 集团下属子公司 Mineração Catalão de Goiás（MCG）运营，这个矿床地质形态与 Araxá 矿相似，探明铌氧化物储量估计约 1800 万吨，铌氧化物含量为 1.34%，铌铁年产量约为 4000t，计划 2014 年铌铁年产能增加到 6500t，估计 Anglo American 占世界市场份额的 14% ~18%。

三、Niobec 矿

Niobec 矿是世界第三大铌矿藏，位于加拿大魁北克东北部。最初该矿所有人为 Cambior 公司，2006 年加拿大 IAMGOLD 公司从 Cambior 公司手中收购了该矿。据境外媒体 2014 年 10 月 3 日报道，以 Magris Resources Inc. 为首的财团与 IAMGOLD 公司签订协议，以 5.3 亿美元的交易价收购了 Niobec 铌矿。该矿是北美唯一的铌生产商，产量占世界铌供应量的 12% ~14%，矿石中 Nb_2O_5 平均含量为 0.66%。IAMGOLD 公司于 2011 年 5 月 4 日公布一份独立的初步评估报告（PEA），确认 Niobec 矿测量和探明的矿产资源增加了 691%，即拥有含 Nb_2O_5 矿石储量 193 万吨，未来可能将现有的铌年产量翻三倍，增加到年产 1500t，并有进一步扩产的潜力。

上述三大矿产公司将烧绿石经过选矿加工成 55% ~60% 的铌氧化物精矿。这三大矿供应世界铌产品需求量的 85% 以上，其中主要产品是铌铁（FeNb），含 60% ~65% 的铌氧化物。2011 年世界主要铌生产商的铌产量占比如图 5-4 所示，世界三大铌供应商铌矿储量及生产能力见表 5-4。

表 5-4 世界主要铌供应商铌矿储量及生产能力

公司名称	CBMM（巴西矿冶公司）	加拿大 IAMGOLD 公司	Mineração Catalão de Goiás（MCG）
所属矿山名称	Araxá	Niobec	Catalão
储量/万吨	>80000	41920.8[①]	1600

续表 5-4

公司名称	CBMM（巴西矿冶公司）	加拿大 IAMGOLD 公司	Mineração Catalão de Goiás（MCG）
品位（Nb_2O_5）/%	2.5～3	0.66	1.34
开采方式	露天开采	现在：地下开采；未来：分块崩开采法	露天开采
铌铁年产量/t	2010 年：64535	2010 年：6522；2011 年：4632	2010 年：6164
矿龄/年	>400	>46	>20
矿　址	巴西米纳斯吉拉斯州 Araxá	加拿大魁北克省 Chicoutimi	巴西戈亚斯州 Catalão
所有权	Moreira Salles 家族（85%），日韩财团（15%），中国铌业投资控股有限公司（15%）	以 Magris Resources Inc. 为首的财团	Anglo American（100%）
产　品	标准级铌铁，真空级铌铁和铌镍合金，铌金属，铌氧化物	标准级铌铁	标准级铌铁
说　明	实施重大投资计划，2015 年前使铌铁年生产能力增加到 15 万吨；是钢铁用铌的研发带头人	唯一一个非巴西籍生产商；2011 年产能增加了 24%，从 210t/h 增加到 260t/h	无增产计划；Anglo 公司 2011 年声明 Catalão 矿停止销售

① Niobec 矿产储量估算截止时间为 2011 年 12 月 31 日，摘自 Niobec 矿扩建预可行性研究报告。

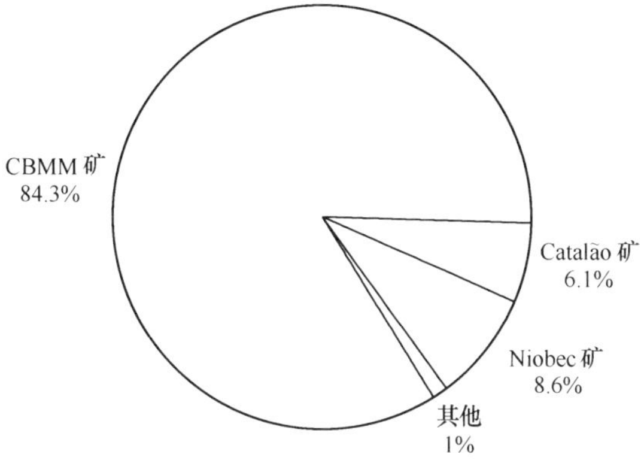

图5-4　2011年世界主要铌生产商的铌产量占比
（资料来源：IAMGOLD公司 Niobium 101，2012年3月28日）

四、世界有潜力的铌矿项目

加拿大Nechalacho铌稀土矿的储量为1450万吨，其稀土氧化物总含量为1.53%，氧化锆（ZrO_2）含量为2.90%，氧化铌（Nb_2O_5）含量为0.38%，氧化钽（Ta_2O_5）含量为0.04%。Nechalacho矿藏蕴藏多种其他稀有金属，尤其是铌、锆和钽将作为高价值的副产品回收。镓也可能在较晚阶段回收。其他有潜力的铌矿项目见表5-5。

表5-5　世界有潜力的铌矿项目

所在国和地区	公司名称	所有者	资源取样样本			进　展
			矿石吨数/Mt	Nb吨数/kt	Nb_2O_5/%	
加拿大	Oka Complex	Niocan lnc	14	61	0.63	可行性研究
马拉维	Kanyika	Globe Metals	55	116	0.30	可行性研究

续表 5-5

所在国和地区	公司名称	所有者	资源取样样本			进展
			矿石吨数/Mt	Nb 吨数/kt	Nb_2O_5/%	
沙特阿拉伯	Ghurayyah	Tertiary Mineral	385	754	0.28	可行性研究
加蓬	Mabounie	Eramet	22	242	1.60	预可行性研究
澳大利亚	Mt. Weld	Lynas Corp.	28	282	1.07	预可行性研究
加拿大	Thor Lake	AvalonRareMetals	375	577	0.22	预可行性研究
加拿大	Blue River	CommerceResources	29	22	0.11	预可行性研究
加拿大	Aley	Taseko Mines	25	131	0.75	钻探
加拿大	Georges River	Quest Uranium Corp.	62	225	0.52	钻探
加拿大	Nemegonsenda	Sarissa Resources	45	136	0.43	钻探
加拿大	Brent&Lonnie	American Manganese	40	56	0.20	钻探
格陵兰	Sarfartoq	New Millenium Res.	4	15	0.61	暂无活动
格陵兰	Motzfeldt	Angus and Ross	15	63	0.60	暂无活动
坦桑尼亚	Panda Hill	不详	125	288	0.33	暂无活动

第二章 世界主要铌产品的生产与供应

世界主要铌产品种类及铌铁生产商见表 5-6。

表 5-6 世界主要铌产品种类及铌铁生产商

产品	主要生产商	占铌市场百分比/%	应用	主要市场
标准铌铁（铌含量 60%）	巴西 CBMM 巴西 Anglo American 加拿大 IAMGOLD /Niobec	90.2	高强度低合金钢，不锈钢，耐高温钢	汽车工业，重工业及基础设施，石化行业，发电厂，油气管线

续表 5-6

产品	主要生产商	占铌市场百分比/%	应用	主要市场
真空级铌铁（铌含量99%）	巴西 CBMM	3.0	高温合金	飞机发动机，发电，石化行业
铌金属及合金（铌含量50%~65%）	巴西 CBMM	3.4	超导体	粒子加速器，磁共振成像，各种小吨位应用
铌化学品（铌含量大于99%）	巴西 CBMM	3.4	功能陶瓷，催化剂	光学，电子工业

注：资料来源于巴西 IAMGOLD 公司 Niobium 101，2012 年 12 月。

第一节　世界铌铁生产能力及产量

1997 年世界铌产量为 2 万吨，2009 年快速增长到 10 万吨。铌产量增加的主要原因是对高强度低合金钢（HSLA）的需求的增长。高强度低合金钢主要用于汽车制造、建筑、轮船及冶炼设备，而铌铁作为添加剂，广泛应用于高强度低合金钢中。全球铌铁消费量及生产能力、世界铌铁产量如图 5-5 和表 5-7 所示。

表 5-7　世界铌铁产量（以铌含量计）　（t）

国家	2005 年	2006 年	2007 年	2008 年	2009 年
巴西	25621	27434	34612	25403	25410
加拿大	3710	4157	4337	4385	3960

续表 5-7

国 家	2005 年	2006 年	2007 年	2008 年	2009 年
印 度	0	0	0	0	0
俄罗斯	0	0	80	80	79
美 国	不详				
总 计	29300	31600	39000	29900	29400

注：1. 资料来源于 USGS，2011 年。

2. 总计的结果不是表中数据相加。

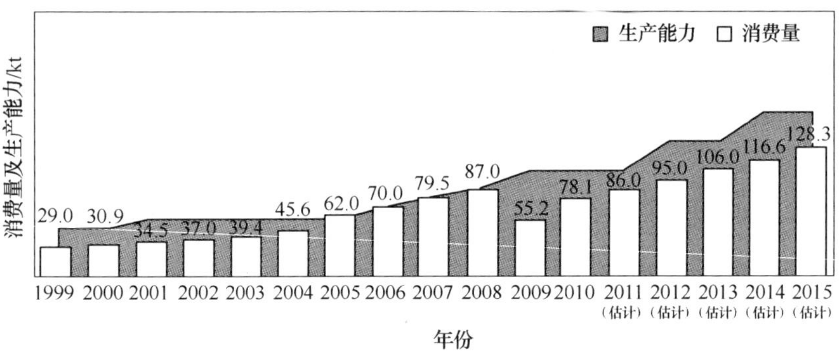

图 5-5 全球铌铁消费量及生产能力

（资料来源：IAMGOLD 公司 Niobium 101，2012 年 12 月）

第二节 世界主要铌冶炼加工厂商

一、铌铁冶炼厂商

全球铌铁产量为 10.7 万吨，其中 CBMM 年生产能力 9 万吨，巴西卡特隆公司（Anglo American）年产能约 6000t，加拿大铌公司年产能约6000t，其他（包括中国）年产能约5000t。CBMM 铌铁产量占全球84%，由此其铌铁价格基本决定了全球铌铁价格的走势。

（一）巴西矿冶公司

巴西矿冶公司（CBMM）于1955年成立，于1961年4月正式投产，总部设在巴西。CBMM 是铌产品生产商，其产量约占世界总产量的85%，其资源储备可以满足世界需求500年。CBMM 也是世界最大的铌冶炼厂，在过去几年里，公司不断扩大生产能力，铌铁生产能力从2004年的4.5万吨增加到目前的7万吨。2008年，CBMM 铌铁年生产能力已达到9万吨；预计到2015年，其年生产能力可达到15万吨。2015年新产能上线后，CBMM 销量将达到11万吨。

CBMM 在 Araxá 工厂的从业人员大约有800人。CBMM 可以生产和供应全系列铌产品（包括标准铌铁、特殊牌号铌铁、真空铌铁、真空镍铌、铌金属和五氧化二铌）。

CBMM 公司网址：http://www.cbmm.com.br。

（二）巴西 Catalão 矿业有限公司

巴西 Catalão 矿业有限公司（Mineração Catalão de Goiás，MCG）位于巴西戈亚斯州卡塔朗市和欧维多市，是世界三大铌生产商之一。大股东是英美资源集团股份有限公司（Anglo American plc.），在伦敦证券交易所上市，其大部分股份为英国机构所持有，总部设在伦敦，拥有8个核心业务部门，在非洲、欧洲、南美洲、北美洲和澳洲都有运营公司，拥有多样化的资产，包括金、铂金、钻石、煤炭、黑色金属和有色金属、工业矿物、造纸和纸品包装业。

英美资源集团于2002年在北京开设了办事处，目前在中国已有1600名员工，分布在包括北京、上海、内蒙古、浙江、甘肃、新疆和陕西等18个不同的地方。

Anglo American 集团中文网址：http://www.angloamerican.com.cn。

二、铌和铌合金冶炼加工厂商

（一）澳大利亚全球先进金属公司

澳大利亚全球先进金属公司（Global Advanced Metals，GAM）成立于2010年，拥有澳大利亚西部的Wodgina钽矿和Greenbushes选矿厂。以前曾由Talison矿产公司掌管运营，是全球最大的钽精矿生产者，Wodgina矿蕴藏着世界最大的钽资源，估计储量为1.35亿吨。如果满负荷生产，每年可生产铌钽精矿折合 Ta_2O_5 635t（140万磅）、Nb_2O_5 227t（50万磅），几乎占世界钽供应量的1/3。2008年以来，这两个钽铌矿一直处于维护保养期。2011年8月25日，GAM公司宣布以4亿美元收购美国Cabot Supermetals业务部，对钽供应链进行垂直整合，使钽矿石和钽精矿转化成各种冶金产品和不同品级的电容器级粉末。2012年1月完成了这项交易，这样GAM通过收购Cabot Supermetals接收了美国宾夕法尼亚州博耶城的钽铌加工厂和一个研发中心以及日本会津加工厂。

博耶城的钽铌加工厂生产钽电容器级钽粉，包括专有的高压产品和钽铌金属及其合金的冶金产品。日本会津精炼加工厂位于东京以北，一直生产高容量电容器级钽粉，有30多年的历史，该工厂致力于研发下一代电容器级钽粉和改善钽产品质量。

GAM公司网址:http://www.globaladvancedmetals.com。

（二）H. C. Starck公司

H. C. Starck是一个国际性集团公司，在欧洲、北美洲和亚洲共设有13个生产工厂，员工总数2700多人。H. C. Starck早先是德国Bayer集团的全资子公司，2006年3月27日德国Bayer集团宣布将H. C. Starck出售给Advent和Carlyle两大财团，这项交易最终于2007年2月完成。

H. C. Starck是全球领先的供应商，生产供应Ta、Nb、Mo、W等难熔金属粉末和金属制品。H. C. Starck生产用于P/M的雾化合金及纯金属粉末超过800种，还生产烧结添加剂，如氮化物、碳化物及硫化物等，服务于航空、电子、化工、机械、充电电池等行业。

H. C. Starck公司网址：http：//www.hcstarck.com/en。

（三）贺利氏材料技术有限公司

贺利氏材料技术有限公司（Heraeus Materials Technology GmbH & Co. KG）是全球活跃的贵金属和特种金属技术集团公司，是世界500强企业，总部设在德国法兰克福附近的哈瑙市，一直沿袭家族所有制，已经有160多年的历史。贺利氏的业务覆盖贵金属、材料和技术，传感器，生物材料，医药产品，石英玻璃和特种光源。德国贺利氏集团早在20世纪40年代末就开始钽粉的烧结，1959年应用电子轰击炉进行钽的熔炼，1960 年开始铌的熔炼。目前贺利氏拥有 5900 多项专利，在世界范围内下设子公司 120 多家，员工超过 13300 人，设立 25 个研发中心，研发人员 400 多人。

目前贺利氏在全球一共建立了 2 个独立的主要应用于照明领域的铌材料生产基地，分别位于德国哈瑙市和中国广东四会市，都具有按国际技术标准从电子轰击熔炼到最终成品的一体化生产能力。贺利氏已发展成为全球最主要的照明行业气体放电灯用核心材料的铌锆丝、铌锆杆、高精度铌锆管的制造企业之一。2007 年，上海贺利氏工业技术材料有限公司四会分公司成立，专业生产以铌为主的特种金属材料，目前能提供铌锆丝、铌锆棒、铌锆锭等材料，进一步确立了贺利氏铌材料在全球的领先地位。

贺利氏公司网址：http：//heraeus-materials-technology. com。

（四）哈萨克斯坦乌尔巴冶金厂

哈萨克斯坦乌尔巴冶金厂（Ulba Metallurgical Plant）建于 1949 年，大股东为哈萨克斯坦国家原子能总公司（National Atomic Company，Kazatomprom），是世界上以生产铀、铍、钽、铌系列产品而闻名的大型企业，从事勘探、采矿、冶炼、加工、科研等，其三个系列产品的产能均居世界前列。哈萨克斯坦国家原子能总公司的产品行销世界各地，与中国的贸易往来已有多年，其铀系列产品供应中国核发电企业，用于核电站的原料供应，铍、钽、铌系列产品在中国市场也享有盛誉。

乌中冶金制品（上海）有限公司（Ulba-China Co.，Ltd.）是一家享有进出口权的外商独资企业，于2004年6月在上海外高桥保税区注册成立，隶属于乌尔巴冶金厂（Ulba Metallurglcal Plant），全权负责总部乌尔巴冶金厂的产品在中国和东南亚国家及地区的推广、销售、售后服务、市场管理以及总部的其他战略规划相关的调研、联络和实施等工作。

乌尔巴冶金厂网址：http：//www. ulba. kz/en。

三、中国主要铌冶炼和加工厂商

中国从事铌冶炼和加工的厂商很多，按所有制可分为国有、外资和民营三类，主要有：宁夏东方钽业股份有限公司（OTIC）、中信金属有限公司、湖南株洲硬质合金集团有限公司、江西九江有色金属冶炼有限公司、广西有色栗木矿业有限公司、广东从化钽铌冶炼厂、广东肇庆多罗山蓝宝石稀有金属有限公司、广东江门富祥电子材料有限公司、中国铌业投资控股有限公司等。

（一）宁夏东方钽业股份有限公司（OTIC）

宁夏东方钽业股份有限公司（OTIC）成立于1999年4月30日，于2000年1月20日在深圳证券交易所挂牌上市，证券简称“东方钽业”，证券代码：000962。

东方钽业位于宁夏新材料工业科技园区，是国内最大的钽铌材料生产基地，主要从事钽、铌、铍、钛金属和合金材料、加工制品、化合物、高纯氧化物、晶体材料等高技术产品的研究、开发和生产。目前东方钽业拥有550t钽粉、80t钽丝、80t大规模集成电路用靶材、10t高纯铌材、30t化工防腐铌基合金管棒材、30t电光源铌锆合金管丝材和60t电容器级一氧化铌粉的生产能力。

电容器级钽粉和钽丝品种、规格、质量均居同行之首，电容器用钽丝稳居世界首位；电容器级钽粉产销量连续多年位居世界前三名；电容器级铌粉等铌产品技术质量居世界领先水平，多年来与美、日、韩等国的世界顶级钽铌电容器制造商建立了长期稳定的商务合作伙伴关系。铌金属产品共计20个系列100多个品种，其中主要铌产品如图5-6所示。

除了上述铌产品外，还研发生产五氯化铌、铌铝合金、高纯铌靶材、射频超导腔用高纯大晶粒铌板等。

宁夏东方钽业股份有限公司网址：http：//www. otic. com. cn。

（二）中信金属有限公司

中信金属有限公司是中国中信集团公司全资子公司，主要从事冶金原材料、冶金产品的进出口贸易和实业投资，经营的主要产品有铁合金、矿产品、钢材、有色金属及金属制品等。其中铌产品是中信金属的主要业务。中信金属是巴西矿冶公司（CBMM）在中国的独家分销商，在北京、上海、天津设立各类铌产品库存基地，铌铁销售量占全国使用量的80%以上。

中信集团公司于1996年设立“中信铌钢发展奖”，旨在鼓励和表彰在含铌钢机理研究与新产品、新工艺开发和应用

图 5-6 东方钽业主要铌金属材料和制品

等方面取得突出成绩，在促进铌的实际应用方面取得显著成果并取得重大经济效益和社会效益的单位和个人。截至

2008年，共有宝钢、鞍钢、武钢等单位的27个项目获奖。

中信金属有限公司于2001年4月成立了中信微合金化技术中心，每年举办各类国际、国内学术会议，邀请国内外著名冶金和材料专家进行学术交流，积极推广铌微合金化技术及其应用，促进了国内钢铁工业品种结构调整和产品升级换代。2001年设立的“中信铌钢研究与开发（R&D）项目基金”，相继组织由钢厂-科研院所-用户组成的联合课题组，共有45个含铌钢研发项目获得资助，已完成28个项目，累计支付项目研发经费735万元。

中信金属有限公司网址：http：//www. metal. citic. com。

（三）中国铌业投资控股有限公司

2011年9月2日，由中信集团牵头，联合宝钢、鞍钢、首钢和太钢等4家国有企业共同出资成立中国铌业投资控股有限公司，主要投资稀缺的铌矿资源，保障国内对铌矿日益增长的需求。目前该公司已经以19.5亿美元的价格持有了巴西矿冶公司（CBMM）15%的股权，并按出资比例将股权分置为中信集团5%，其他4家公司各占2.5%。目前该公司的资料很少，也没有在证券市场上市。

第六篇

铌的需求与市场

第一章　铌的需求

第一节　世界铌的需求

铌的主要用途是钢铁添加剂，以铌铁产品形式作为高强度低合金钢、不锈钢等高级钢材的添加剂，用于汽车车身用钢板、汽车排气系统部件、土木建筑结构件、管材、压力容器用钢板等，据估算约占铌消费量的90%左右。按用途分，汽车领域用铌约占40%，土木建筑结构件、输油管道等基础构件分别占30%。国别不同消费结构也不同，北美、欧洲、日本等先进国家主要用于汽车钢材或排气系统部件；最大的铌消费国为中国，多用于基础设施的管材、高层建筑物、桥梁结构材。世界铌铁消费量如图6-1和图6-2所示。

铌除用作钢铁添加剂外，金属铌还作为镍基耐热合金材用于航空发动机、发电机汽轮机叶片使用；制作的铌钛合金、铌锡合金用作电子材料（靶材）及超导材料；高纯度铌氧化物用于光学镜片及石油化工的催化剂；碳化铌是一种

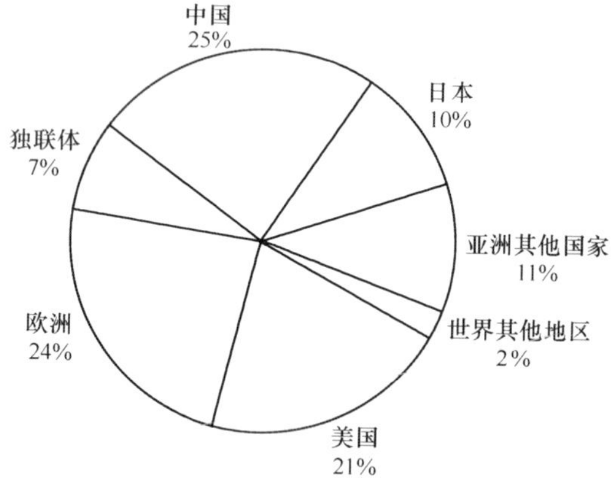

图 6-1 世界铌铁消费量（按地区分）

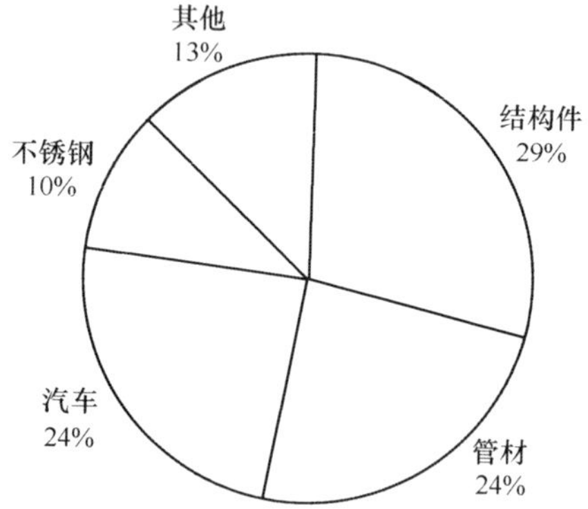

图 6-2 世界铌铁消费量（按最终用途分）

硬质合金原料，用于制作超硬工具；还有一部分铌用于铌电容器、靶材等。图 6-3 所示为 2004 年和 2010 年铌的最终应用变化对比。

2008～2010 年，全球铌需求量以 10% 的年复合增长率持续增长，预计钢铁、建筑、汽车、石油天然气行业会继续占据铌应用的最大市场份额。这些行业虽然受到 2008 年国

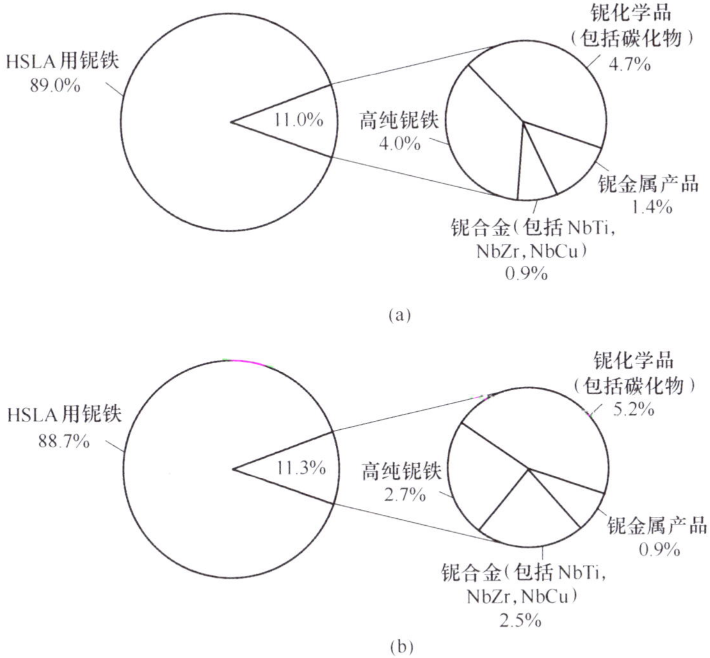

图 6-3　2004 年（a）和 2010 年（b）铌最终应用对比
（资料来源：BGS 公司 Niobium-tantalum，2011 年 4 月）

际金融危机的冲击，但进入 2011 ~ 2013 年已基本上复苏并将继续稳步增长。

2013 年世界铌矿石生产量是 2012 年的 102%，为 5100t，其中巴西约占 88%，其他为加拿大、非洲、中国、澳大利亚等生产。铌矿石及铌铁的最大生产企业是巴西 Companhia Brasileira de Metalurgia e Mineração（CBMM），CBMM 公司预计今后中国和东南亚是铌需求的重要地域，计划 2015 年铌铁产量由现在的 90000t 增长到 150000t。

市场销售的铌产品主要是铌铁合金，2011 年世界粗钢产量增长了 6.8%，创纪录达到了 15.27 亿吨，而铌的总需求也同步增长，铌铁中用铌量超过 7 万吨，刷新了 2008 年 6.58 万吨的纪录。在供应方面，虽然铌需求正在恢复，但预计全球铌铁产能供应仍将过剩。尽管 2011 年铌销量和价格创下纪录，世界范围内近期铌可能仍保持高增长率，但欧债危机对欧洲市场铌销售可能有重大负面影响。预计世界铌市场会受到巴西国内经济现状和欧美经济不确定的前景带来的价格压力。2000 ~ 2010 年世界铌铁消费量和钢铁产量如图 6-4 所示。

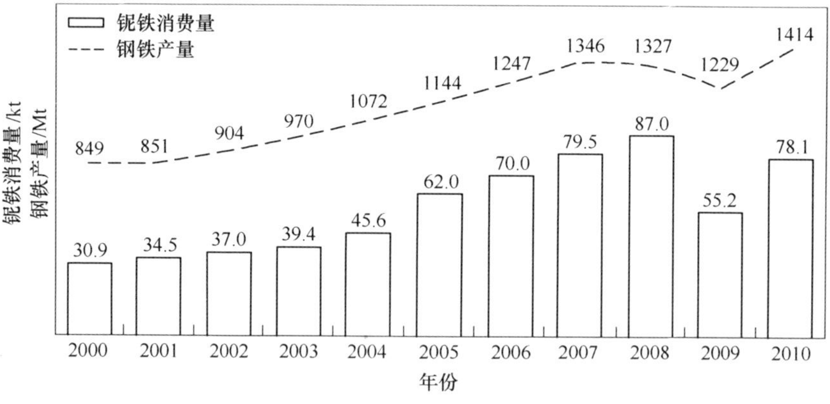

图 6-4　2000 ~ 2010 年世界铌铁消费量和钢铁产量

（资料来源：IAMGOLD 公司 Niobium 101，2012 年 3 月）

随着中国、印度等一些新兴工业国对高级钢的需求不断增长及发达国家的经济复苏，粗钢的需求迅速增长，按照中国铌的进口量与粗钢产量推算，中国粗钢的铌添加量目前已占全球铌消费量的 25% 左右，并且随着高级钢比例的提高，中国的铌需求量将进一步扩大。

新兴国家的经济增长推动了高档钢铁产品的需求，为确保铌供应，2011 年 9 月韩国浦项制铁公司和日本新日铁公司组成财团，投资 20 亿美元购买了巴西矿冶公司（CBMM）15%的股份，同时中国铌业投资控股有限公司，以 19.5 亿美元的价格完成对巴西矿冶公司 15%股权的收购。

在供应方面，虽然铌需求正在恢复，但预计全球铌铁产能供应仍将过剩。尽管 2011 年铌销量和价格创下纪录，世界范围内近期铌可能仍保持高增长率，但欧债危机对欧洲市场铌销售可能有重大负面影响。预计世界铌市场会受到巴西国内经济现状和欧美经济不确定的前景带来的价格压力。

铌在军工、电子、超导、化工防腐、硬质合金行业领域的需求一直保持稳定增长（见表 6-1）。将铌添加到镍、钴、铁基合金中或以铌为基添加其他金属元素可生产超合金，超合金是航天航空发动机、陆基气流涡轮发动机、现代武器、恶劣工业环境设施的重要结构材料。铌靶材用于半导体装置和液晶显示技术，氧化铌用作陶瓷电容器的添加剂，铌粉、铌丝用于制造铌电容器，铌酸锂单晶用于制作声表器件和光通信元件。铌钛超导材料具有良好的超导电性、可加工性，主要用于建造大型超导磁体，例如超导电机、氢泡室、磁流体发电装置、受控热核反应装置等所用的直流强磁体。

表 6-1　2000 年超导体用高纯铌预测评估对比及 2011 年铌需求量预测

（t）

应用范围	H. Stuart 对 2000 年的预测	2000 年评估	2011 年预测
核磁共振/磁共振成像/实验室用磁体	175	173	290
傅里叶红外光谱仪	0	9	15
高能物理	80	58	50 ~ 600
熔　炼	230	5	10 ~ 100
超导磁能存储	16	3	40
磁分离	2	1	20
磁流体，悬浮火车，发电机，轮船推进	185	1 ~ 5	1 ~ 10
合　计	688	250 ~ 255	408 ~ 1057
50% 回收率时铌的总需量	1376	500 ~ 510	816 ~ 2114

第二节　中国铌的需求

中国、北美和欧洲是世界最大的铌消费国家和地区，2010 年中国铌消费总量占世界总量的 25%。中国是世界最大的不锈钢生产商，其占世界生产增长率从 1990 年的 1% ~ 2% 增长到 2010 年的 36.7%。此外，中国也是世界上主要和发展最快的合金钢生产商，包括高强度低合金钢（HSLA）。2000 ~ 2009 年中国铌铁消费量增长趋势如图 6-5 所示。

发达国家每吨钢的铌铁消耗水平为 80 ~ 100g（计算方法是把总的铌铁消耗量除以总的钢铁产量），中国钢铁产量几乎占全球钢产量的 40%，而其铌铁消耗量仅为 35g/t（见图 6-6）。2010 年中国粗钢的产量为 6.27 亿吨，如铌铁消耗量达到发达国家 70g/t 的水平，那么中国潜在的铌铁需求量将为 4.39 万吨，潜力巨大。

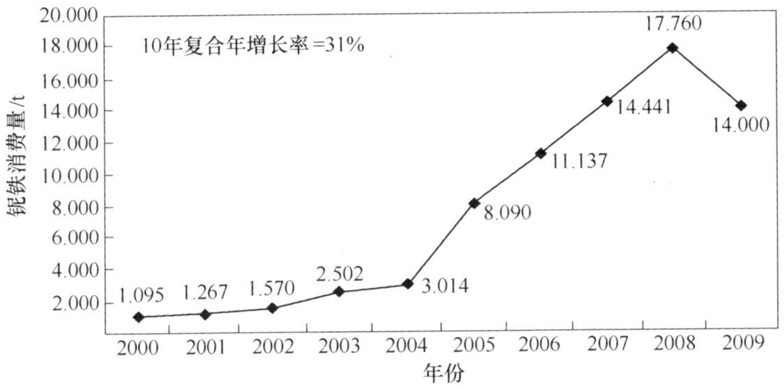

图 6-5　2000~2009 年中国铌铁消费量增长趋势

（资料来源："30 Years of Niobium Steel Development in China"）

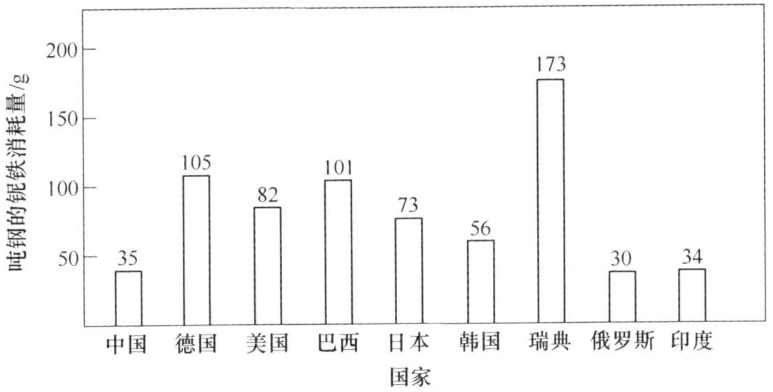

图 6-6　2008 年中国与其他国家的铌铁用量对比

（资料来源："30 Years of Niobium Steel Development in China"）

第二章　世界铌市场

第一节　铌价格走势

铌的价格由买卖双方商定，不像其他大宗商品有现货价。近30年中，铌价基本保持稳定，涨幅较小，可能是因为铌供应稳定和风险较小的原因。不过自20世纪80～90年代铌精矿主要供应国巴西和加拿大停止出口烧绿石精矿后，国际市场铌原料价格已没有实际意义，因此从1995年开始，原料商已不再公布烧绿石精矿价格。

巴西矿业冶金公司（CBMM）作为铌原料和铌铁的最大供应商，实行稳定供应和维持长期合同价格的方针，满足了市场对铌铁需求量不断增长的要求，全球铌铁原料价格上涨也相对平稳。2006年之前，铌铁价格稳定在12～14美元/kg之间，但从2006年4月末开始，由于欧洲市场巴西铌铁供应紧张，其价格开始逐步上涨，见图6-7和表6-2。

表6-2　1988～2015年国际市场各种铌产品的年终平均价格

（美元/kg）

年份	铌铁		氧化铌	金属铌		铌镍
	标准级	高纯级		锭	粉末	
1988	11.03	15.67	15.74	69.44	88.18	40.78
1989	7.87	16.67	16.84	88.18	88.18	42.00
1990	12.54	19.25	18.01	88.18	88.18	42.00
1991	12.53	20.00	18.01	88.18	88.18	45.19
1992	12.47	27.37	18.01	88.18	88.18	45.19
1993	12.89	28.81	18.01	88.18	88.18	45.19
1994	12.65	27.95	18.01	88.18	88.18	45.19
1995	12.38	31.01	18.01	88.18	88.18	45.19
1996	13.32	30.97	18.01	88.18	88.18	45.19
1997	13.49	中断	中断	中断	中断	中断
1998	12.97					
1999	13.31					
2000～2007	13.50～70					

续表 6-2

年份	铌铁		氧化铌	金属铌		铌镍
	标准级	高纯级		锭	粉末	
2010	45.00					
2011	64.8～66.5					
2012	51.6～53.9					
2013	40.30～41.30					
2014	31.9～43.3					
2015 年 1～5 月预计	38.0～39.2					

注：资料来源于 USGS，亚洲金属网。

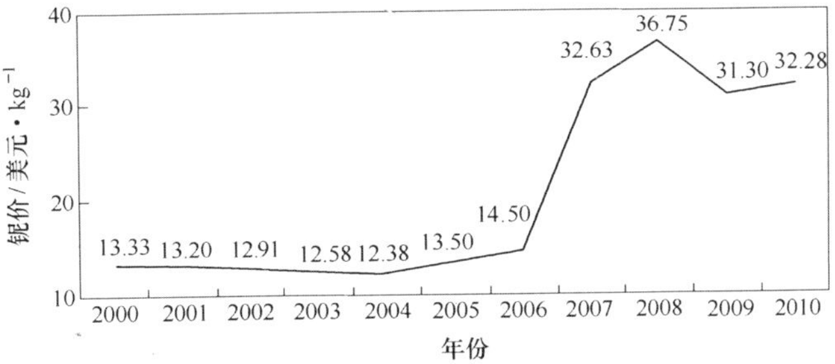

图 6-7　2000～2010 年铌价格走势

（资料来源：IAMGOLD 公司 Niobium 101，2011 年 12 月）

第二节　美国铌市场及进出口贸易

一、美国铌消费

自 1959 年起媒体一直没有报道过美国铌矿山的产量。美国国内铌资源品位低，铌矿物地质结构复杂，不具有商业开采价值，但美国是一个铌的消费大国，见表 6-3。

表 6-3 美国地质调查局铌统计数据

年份	矿山产量/t	铌产量/t	生产商供货量/t	美政府供货量/t	进口量/t	出口量/t	政府储备/t	消费量/t	表观消费量/t	单位价值/美元·t^{-1}	单位价值(98 美元/t)	世界矿山产量/t
1964	0	372	NA	310	1260	80	1010	727	1650	2680	14100	2480
1965	0	889	NA	320	1420	2	1760	1010	1760	2680	13900	3120
1966	NA	1660	NA	305	2630	3	2770	1270	1930	3500	17600	5060
1967	NA	889	453	399	2720	3	3970	1500	1910	3060	14900	5150
1968	NA	1080	984	671	1420	3	3170	1420	2890	2900	13600	4950
1969	NA	1160	801	734	1800	19	3620	1590	2070	3310	14700	6610
1970	0	649	598	409	1950	21	3570	1290	2400	3530	14800	8460
1971	0	463	439	17	1150	9	2830	1520	1890	3280	13200	3740
1972	0	669	494	353	1650	7	2640	1770	2190	4070	15900	5950
1973	0	679	617	1060	2120	22	2970	1960	2820	4480	16400	14700
1974	0	870	766	1240	2300	8	3360	2200	3150	5170	17100	9340
1975	0	447	483	210	1330	12	2930	1580	1950	5390	16300	7860
1976	0	710	424	32	2140	15	2370	1670	2720	8480	24300	9470
1977	0	660	489	0	2320	17	2500	1990	2170	8700	23400	8800
1978	0	710	838	1	2980	22	2480	2580	2990	9560	23900	9670
1979	0	440	917	0	3780	23	3010	2870	3230	21400	48100	14400
1980	NA	920	649	0	4410	78	3890	2950	3450	20500	40600	15100
1981	NA	519	414	0	3610	41	3780	2830	3680	19300	34600	14800

续表 6-3

年份	矿山产量/t	铌产量/t	生产商供货量/t	美政府供货量/t	进口量/t	出口量/t	政府储备/t	消费量/t	表观消费量/t	单位价值/美元·t^{-1}	单位价值(98 美元/t)	世界矿山产量/t
1982	NA	NA	430	-12	1970	40	2710	1670	2990	14600	24700	10600
1983	0	NA	678	0	1480	35	NA	1960	2610	14600	23900	8580
1984	0	NA	668	0	2790	36	NA	2450	3480	11800	18500	13900
1985	0	NA	705	-97	2720	35	NA	2710	3420	11800	17900	14800
1986	0	NA	554	0	2160	33	NA	2270	3200	8670	12900	14600
1987	0	NA	597	0	2750	39	NA	2350	3310	7660	11000	9360
1988	0	NA	642	0	2730	45	NA	2670	3580	7660	10600	16900
1989	NA	NA	662	0	3640	104	NA	2440	3400	10300	13500	14100
1990	NA	NA	NA	0	3030	227	NA	2590	3360	10300	12800	15300
1991	NA	NA	NA	0	3290	270	NA	2410	3310	8930	10700	15700
1992	NA	NA	NA	0	3680	350	NA	2460	3500	8930	10400	15300
1993	0	NA	NA	0	3510	300	NA	2470	3500	8200	9250	12400
1994	0	NA	NA	0	4240	320	NA	2750	3700	8200	9020	15700
1995	0	NA	NA	0	4450	370	NA	2860	3800	9460	10100	15600
1996	0	NA	NA	30	4210	190	NA	3380	3830	9460	9830	16200
1997	0	NA	NA	126	6120	70	NA	3770	4030	9460	9610	20500
1998	0	NA	NA	145	6520	50	NA	3640	4150	9460	9460	26200
1999	0	NA	NA	280	6260	160	NA	3460	4100	9460	9260	24600

续表 6-3

年份	矿山产量/t	铌产量/t	生产商供货量/t	美政府供货量/t	进口量/t	出口量/t	政府储备/t	消费量/t	表观消费量/t	单位价值/美元·t^{-1}	单位价值(98 美元/t)	世界矿山产量/t
2000	0	NA	NA	217	6500	100	NA	4090	4300	19700	18700	24800
2001	0	NA	NA	-4	7170	140	NA	4230	7140	NA	NA	31100
2002	0	NA	NA	9	5630	130	NA	3150	5520	NA	NA	33300
2003	0	NA	NA	223	5590	170	NA	3670	5640	NA	NA	40400
2004	0	NA	NA	90	6910	276	NA	4220	6730	NA	NA	27600
2005	0	NA	NA	152	7610	337	NA	4600	7430	NA	NA	43100
2006	0	NA	NA	156	10500	561	NA	5050	10100	NA	NA	52800
2007	0	NA	NA	0	10100	1100	NA	6510	9020	NA	NA	62200
2008	0	NA	NA	0	9230	781	NA	5380	8450	NA	NA	63000
2009	0	NA	NA	0	4400	195	NA	4350	4200	NA	NA	63000
2010	0	NA	NA	0	8490	281	NA	5590	8210	NA	NA	63200
2011	0	NA	NA	0	9520	363	NA	7210	9160	NA	NA	63400
2012	0	NA	NA	0	10100	385	NA	7670	9730	NA	NA	50100

注：1. 表由 D. A. Buckingham，L. D. Cunningham，M. J. Magyar 和 J. F. Papp 编制。
2. NA：Not available（不详）；表中数据基于计算、估算或报道的数据。
3. 单位价值（美元/t）：即 1t 铌表观消费量的价值。1964～2011 年的单位价值数据是基于多家外贸杂志报道的钽铁矿年终平均价格，以美元/每磅五氧化二铌含量为单位，并使用下面等式换算成含钽量：单位价值 =（年终平均价格 ×2204.623）/0.8189674；年终平均价格数据来自《截止到 1998 年的美国金属价格》和《美国矿物年鉴》。
4. 单位价值（98 美元/t）：居民消费价格指数换算系数，以 1998 年为基准年，用来调整以美元现汇结算的单位价值与以 1998 年美元常数结算的单位价值之间的换算。

美国有43家公司使用进口铌矿石、铌氧化物和铌铁生产含铌材料。钢铁工业主要消费铌铁，而航空航天工业消费铌合金和铌金属。据报道，美国铌消费量按最终应用领域分布划分如下：钢铁占75%，超级合金占25%。用进口值测算，估计2014年铌消费量价值为5.00亿美元。

二、美国铌的进出口量

美国是铌的进出口大国。2010～2014年美国铌进出口统计见表6-4和表6-5。

表6-4　2010～2014年美国铌进出口统计

年　份		2010	2011	2012	2013	2014（预测）
矿山产量		—	—	—	—	—
废料回收		不详	不详	不详	不详	不详
进口消费量①/t		8490	9520	10100	8500	11000
出口量①/t		281	363	385	435	1000
政府储备资源投放量②		—	—	—	—	—
消费量/t	表观消费量	8210	9160	9730	8140	10000
	报道消费量③	5590	9060	7460	7500	8000
铌铁单位价值④/美元·t^{-1}		37781	41825	43658	43415	42000
净进口依赖度（即表观消费量的百分率）⑤/%		100	100	100	100	100

① 进出口量包括估计铌钽矿石、铌精矿、铌氧化物、铌铁、未锻轧铌合金、金属和粉末中的铌含量；
② 美国国防后勤署战略物资储备处报告的政府储备资源库存是估算政府储备资源投放量的依据；
③ 包括铌铁和镍铌合金；
④ 单位价值就是美国铌铁进口量的质量加权平均值，铌含量按65%计，要将美元/t换算成美元/lb，须除以2205；
⑤ 净进口依赖度可以精确地解释为进口量－出口量＋政府和行业库存变化调整。

表 6-5 美国铌精矿和产品进出口统计①

年份		2005	2006	2007	2008	2009
政府储备释放（铌含量）②,③/t		152	156	—	—	—
出口（铌含量）④/t		337	561	—	—	—
进口消费量/t	铌铁矿和精矿（铌含量）	142	120	109	134	41
	铌金属（毛重）⑤	1380	1450	864	1130	699
	氧化铌（毛重）	661	760	744	852	742
	铌铁（毛重）	5430	8150	8400	7120	2920
报道的铌消费量（铌含量）/t	原材料（毛重）⑥	保密	保密	保密	保密	保密
	铌铁和铌镍合金	4600	5050	6510	5380	4350
表观消费量（铌含量）/t		7430	10100	9020	8450	4210
铌铁价格（铌含量）⑦/美元·kg^{-1}		14.5	无	无	无	无
价值⑧/美元·kg^{-1}	铌矿石和精矿（毛重）	14.12	14.07	17.64	25.65	27.30
	铌铁（毛重）	8.66	9.13	13.88	21.29	23.59
世界铌钽精矿产量（铌含量）⑨/t		43100	52800	62000	63000	62900

① 除价格外，数据四舍五入，不超过三位有效数字；

② 释放库存，指相对上一年度降低未分配的库存；

③ 估计的铌含量，估算基于天然铌和人工合成钽铌矿石和精矿含 16% 的 Nb_2O_5；钽矿石和精矿含 30% 的 Nb_2O_5；Nb_2O_5 含铌 69.9%；

④ 包括天然和人工合成的铌矿石和精矿、氧化铌、铌铁合金和未锻轧铌金属和合金；

⑤ 包括铌和铌制品；

⑥ 避免泄露公司专有数据；

⑦ 标准（制钢）级，美国金属市场于 2002 年和 2005 年分别终止了真空级铌铁和标准级铌铁的价格报道；

⑧ 2001 年终止了铌矿石的价格报道，价格是外贸杂志报道的时间加权平均价；

⑨ 进口加出口材料的质量加权平均值。

铌主要以铌铁、未锻轧铌金属、铌合金、铌粉末的形式进口。铌矿石和精矿进口来源：巴西占30%，是美国铌的主要供应国，加拿大占18%，澳大利亚占11%，卢旺达占8%，其他占33%。铌金属和氧化物进口来源：巴西占84%，加拿大占11%，其他占5%。从美国总进口量看，巴西占84%，加拿大占11%，其他占5%。美国铌材料进口量中，总质量的95%是铌金属和氧化物。

美国国防后勤署（DLA）战略材料部于2001财年将储备铌铁销售一空，2002财年将储备碳化铌粉末销售一空，2007财年将铌精矿库存尽数抛售，之后再没有抛售过铌。

第三节 日本铌市场及进出口贸易

一、日本铌需求供应情况

日本铌铁、铌钛合金的供需情况见表6-6。2009年受世界经济衰退影响钢材需求减少，日本铌需求消费量（进出口量）也大幅下滑。2010年开始恢复，2011年需求基本与2010年持平，为5151t。

2011年日本数码相机生产量是上年的94.1%，达1.1462亿部（数据来自日本照相机工业协会），光学镜片用高纯氧化铌的需求量也受到一定影响。对于碳化铌的需求，2011年硬质合金工具生产量是上年的107%，为5900t（数据来自超硬工具协会）。2013年日本国内铌供给量（进口量）是2012年的104%，为5908t，铌铁、铌钛合金均有增长。

表 6-6 日本国内铌供需统计[①] (t)

年份	2002	2003	2004	2005	2006	2007	2008	2009	2010	2011	2012	2013	2013/2012 /%
进口铌铁	4287	5143	4690	4687	6123	5761	7119	3359	5339	5305	5635	5883	104
铌钛合金	15	37	16	16	15	27	28	15	8	18	20	25	122
供给合计	4302	5180	4706	4703	6138	5788	7147	3373	5347	5324	5656	5908	104
国内需求[②]	4299	5177	4595	4699	6136	5783	7141	3359	5340	5314	5638	5904	105
出口铌铁	3	3	111	3	2	5	6	15	7	10	18	4	23
需求合计[③]	4302	5180	4706	4703	6138	5788	7147	3373	5347	5324	5656	5908	104

① 换算率：铌铁 65%、铌钛合金 60%；资料来源于日本《矿物资源年鉴 2014》；

② 国内需求是根据进出口量计算出的估计值；

③ 铌块、粉、屑因混合在锗、镓、铪、铼中，仅供参考，故没有计入合计中。

（一）铌铁

铌铁全部为进口，2013 年为 5883t，是上一年的 104%。业界估算消费量是 2012 年的 110%，为 9000t（纯粉量 5850t）。这主要是汽车领域用量增长所致。

（二）铌氧化物（五氧化二铌）

铌氧化物主要用于光学镜片、石油化工等催化剂。据照相机工业协会统计受手机普及影响，2013 年世界照相机总产量是 2012 年的 61%，6101 万台；销售量是 2012 年的 64%，6284 万台，大幅回落，据分析照相机趋向于微单或小型化是主因。预测 2014 年市场也不乐观。

（三）金属铌

金属铌的主要用途是靶材、铌电容器等。一部分也替代铌铁用于高强力钢，但受成本影响份额很少。

（四）铌镍合金

铌镍合金主要用于耐高温领域的发电汽轮机叶片，日本国内不生产，全部依赖进口。一年大约 100t，需求量每年大约增长数十吨。

（五）铌钛合金、铌锡化合物

铌钛合金、铌锡化合物主要用于超导装置、核磁共振装置（NMR）、粒子加速器等，日本国内不生产，全部依赖进口。

（六）铌碳化物

铌碳化物主要用于超硬工具。据硬质合金协会统计，2013 年生产总刀片质量为 5108t，是 2012 年的 92%，但没有细分铌碳化物用量。2013 年复合碳化物消费量 54t，是

2012 年的 86%。

二、日本的铌进出口量

日本铌原料进出口量见表 6-7。2011 年铌进口量与 2010 年基本相当。2013 年进口铌钛合金 5908t，是 2012 年的 104%。铌铁出口量是 2012 年的 23%，为 4t。铌靶材、铌电容器每年出口 1 ~ 2t。铌块、粉（金属铌）、铌屑的进出口量混合在铌、锗、镓、铪、铼中，故表中数值仅供参考，铌块、粉（金属铌）、铌屑的进出口也没有计入合计量。

（一）铌进出口来源国和出口对象国

日本铌铁进口来源国家见表 6-8，其中从巴西进口量占总进口量的 96%。出口与进口相比非常少，估计主要是面向日系电炉厂家。2013 年进口来源国主要为巴西、加拿大、中国等，其中巴西占 97%。

（二）铌进出口价格

日本铌原料的进出口价格趋势见表 6-9。从 2007 年以后铌铁进口价格处于上升态势，但与其他矿种相比价格上涨缓慢。2013 年铌铁、铌钛合金进口价格比 2012 年低，认为主要是因以日元计价、或受替代品影响所致。

第四节　中国铌市场及进出口贸易

一、中国铌的需求

中国铌铁需求增长迅速，随着含铌钢新品种的成功开发

表 6-7　日本铌的进出口量[1]　　（t）

年份		2002	2003	2004	2005	2006	2007	2008	2009	2010	2011	2012	2013	2013/2012/%
铌铁	进口	4423	5306	4690	4687	6123	5761	7119	3359	5339	5305	5305	5635	104
	出口	3	3	111	3	2	5	6	15	7	10	18	4	23
铌钛合金	进口	15	37	16	16	15	27	28	15	8	18	20	25	122
	出口	—	—	—	—	—	—	—	—	—	—	—	—	—
合计	进口-出口	4435	5340	4595	4699	6136	5783	7141	3359	5340	5314	5638	5904	105
铌粉、屑、块[2]	进口	72	158	189	167	180	255	231	131	204	235	183	226	124
	出口	52	148	253	219	298	321	199	165	255	101	146	161	110

① 换算率：铌铁 65%、铌钛合金 60%；资料来源于日本《矿物资源年鉴 2014》；

② 铌块、粉、屑因混合在锗、镓、铪、铼中，仅作为参考，没有计入合计。

表 6-8　日本铌铁的进口来源国　　（t）

年份	2004	2005	2006	2007	2008	2009	2010	2011	2012	2013	2013/2012/%	构成比/%
巴西	4394	4322	5791	5446	6834	3296	5058	5073	5408	5717	106	97
加拿大	285	351	282	273	256	46	181	210	214	149	70	3
中国	—	—	6	29	19	9	97	13	11	12	112	0

续表 6-8

年 份	2004	2005	2006	2007	2008	2009	2010	2011	2012	2013	2013/2012/%	构成比/%
韩国	4.7	5.2	6.5	1.0	1.0	—	—	1.3	2.0	4.2	217	0
其他	15	23	62	54	39	24	105	31	—	—	—	—
进口合计	4690	4687	6123	5761	7119	3359	5339	5305	5635	5883	104	100
出口合计	110.9	3.3	2.2	5.3	5.9	14.8	7.4	9.7	18.1	4.1	23	100

注：资料来源于日本《矿物资源年鉴 2014》。

表 6-9 日本铌原料的进出口价格①

（美元/kg）

年 份		2004	2005	2006	2007	2008	2009	2010	2011	2012	2013	2013/2012/%
铌 铁	进口	8	8	9	13	23	26	26	28	28	23	84
	出口	10	16	16	22	35	26	33	34	34	40	119
铌钛合金	进口	117	111	102	99	154	139	141	174	183	171	93
	出口	—	—	—	—	—	—	—	—	—	—	—
铌块、粉、屑②	进口	116	132	142	182	218	223	245	309	240	200	83
	出口	151	511	590	254	319	125	106	273	424	425	100

① 进出口价格依据日本财务省统计的贸易额，以年平均汇率换算成美元表示，表中显示的是年平均价格；资料来源于日本《矿物资源年鉴 2014》；

② 铌块、粉、屑因混合在锗、镓、铪、铼中，仅供参考。

和大批量生产（比如汽车工业的 IF 钢和铁素体不锈钢）以及消费结构的升级，高附加值的铌钢所占的比重将不断提升。2010 年中国粗钢的产量为 6.27 亿吨，假如铌铁的消耗量达到发达国家平均 70g/t 的水平，那么中国潜在的铌铁需求量将为 4.39 万吨。

巴西是中国铌铁的主要供应国，从 2009 年权重看，巴西占中国铌铁进口总量的 94%，加拿大占 6%，2009 年全球铌铁进口国排名如图 6-8 所示，2000～2009 年中国铌铁进口量如图 6-9 所示。

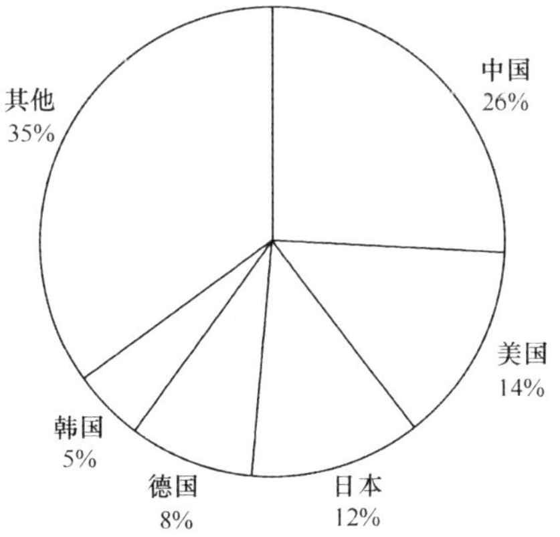

图 6-8　2009 年铌铁进口国排名

（资料来源：UN Comtrade）

二、中国铌价格

国际金融危机之后，受益于下游钢铁行业的需求回暖，铌矿和五氧化二铌的价格快速上涨，其中铌矿折合 Nb_2O_5 从 2009 年 3 月的 7.25 美元/lb，上升至 2011 年的 23 美元/lb，

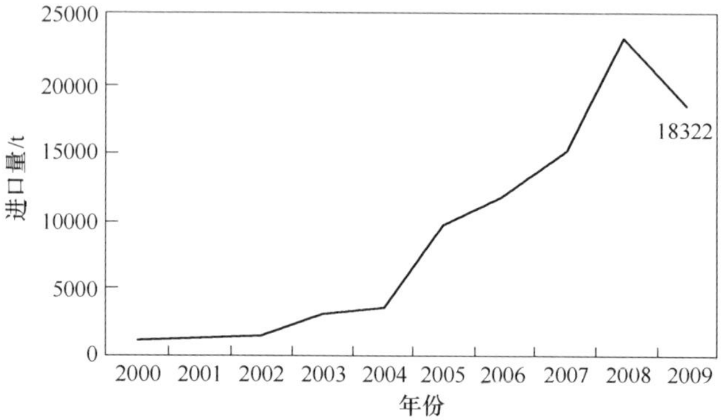

图 6-9　2000 ~ 2009 年中国铌铁进口量

涨幅高达 217%；五氧化二铌从 2009 年 6 月的 29 美元/kg，上涨至 2011 年的 56.5 美元/kg，涨幅高达 95%。

三、中国铌的进出口量

2007 ~ 2011 年中国铌原料及制品进出口量（实物量）见表 6-10。

表 6-10　2007 ~ 2011 年中国铌原料及制品进出口统计

（t）

产品品种	2007 年		2008 年		2009 年		2010 年		2011 年	
	进口	出口	进口	出口	进口	出口	进口	出口	进口	出口
铌、钽、钒精矿及其矿砂	14722	1	10748	0	9088	0	7873	5	8312	69
未锻轧铌、废碎料、粉末	113	3	147	4	16	2	69	8	91	46
锻轧的铌及其制品	8	30	7	31	7	15	26	27	7	51
铌　铁	15082	168	23585	29	18322	15	18778	137	19135	247

注：资料来源于中国海关统计。

第五节　铌的进出口关税

一、美国铌的进口税率

美国铌产品的关税见表6-11。

表6-11　美国铌产品正常贸易关税税率

<table>
<tr><th colspan="2">商品名称</th><th>税则编号</th><th>正常贸易关税税率（2014－12－31）/%</th></tr>
<tr><td colspan="2">人工合成钽铌精矿</td><td>2615.90.3000</td><td>零关税</td></tr>
<tr><td colspan="2">铌矿石和铌精矿</td><td>2615.90.6030</td><td>零关税</td></tr>
<tr><td colspan="2">铌氧化物</td><td>2825.90.1500</td><td>3.7</td></tr>
<tr><td colspan="2">铌铁：
磷、硅含量小于0.02%或硅含量小于0.4%</td><td>7202.93.4000</td><td>5.0</td></tr>
<tr><td colspan="2">其他</td><td>7202.93.8000</td><td>5.0</td></tr>
<tr><td rowspan="3">未轧制铌</td><td>铌废料①</td><td>8112.92.0600</td><td>零关税</td></tr>
<tr><td>铌合金，铌金属，铌粉末</td><td>8112.92.4000</td><td>4.9</td></tr>
<tr><td>其他铌产品①</td><td>8112.99.9000</td><td>4.0</td></tr>
</table>

注：资源耗减补贴：22%（国内），14%（国外）。

① 这个类别包含非含铌材料。

二、中国铌的进出口关税

（一）中国的出口退税政策

出口货物退、免税简称出口退税，出口退税是指对出口商品已征收的国内税（如产品税、增值税、营业税和特别消费税）部分或全部退还给出口商的一种措施。中国出口退税制度是参考国际惯例，在多年实践基础上形成的、自成体系的专项税收制度，主要目的是通过退还出口货物的国内已纳税款来平衡国内产品的税收负担，使本国产品以不含税成本进入国际市场，与国外产品在同等条件下进行竞争，从而增强竞争能力，扩大出口创汇。2012 年铌产品出口海关关税、退税率见表 6-12。

表 6-12　2012 年铌产品出口海关关税、退税率一览表

税则编号	出口产品描述	出口产品名称	出口退税率/%	出口关税/%
26159010	水合钽铌原料（钽铌富集物）	钽铌精矿	0	30
26159090	其他铌钽矿砂及其精矿	钽铌精矿	0	30
8112924010	铌废碎料	铌废碎料	0	0
8112924090	未锻轧的铌、铌粉末	一氧化铌、铌粉、焊接铌粉、铌锭	0	0
8112994000	锻轧的铌及其制品	铌锆丝、管、棒、带材	0	0
72029300	铌　铁	铌　铁	0	20
7202930010	铁钽铌合金（钽含量小于 10%）	铁合金	0	20
7202930090	其他铌铁	铌　铁	0	20

（二）中国铌的贸易关税税率

1. 铌系列中国-东盟自由贸易协定税率

经国务院批准，自2009年10月1日起，对原产于菲律宾、老挝、柬埔寨的铌系列实施2009年中国-东盟自由贸易协定税率，详见表6-13。

表6-13 中国-东盟自由贸易协定铌系列税率表

序号	税则号列	商品名称（简称）	最惠国税率/%	协定税率/%
4205	72029300	铌铁	2	0
4799	81129240	未锻轧铌、铌废碎料、粉末	3	0
4804	81129940	锻轧铌及其制品	8	0

注：资料来源于国务院关税税则委员会。

2. 铌系列中国-秘鲁自由贸易协定税率

经国务院批准，自2010年3月1日起对原产于秘鲁的铌实施中国-秘鲁自由贸易协定税率，详见表6-14。

表6-14 中国-秘鲁自由贸易协定铌系列税率表

序号	税则号列	商品名称（简称）	最惠国税率/%	协定税率/%
4819	81129940	锻轧铌及其制品	8	0
4223	72029300	铌铁	2	0
4814	81129240	未锻轧铌、铌废碎料、粉末	3	0

注：资料来源于国务院关税税则委员会。

第七篇

铌工业的技术进步与知识产权保护

第一章　钽铌矿采选技术进步

第一节　国外铌矿采选技术进步

巴西、加拿大等主要产铌国的铌矿石主要是烧绿石，矿石中铌品位高，含铌矿物嵌布粒度粗、脉石矿物简单，主要是风化矿。通过比较简单的选矿工艺便可得到较高品位的铌精矿。但是，钽铌矿的矿物组成复杂，一般含有多种有用矿物，分选难度大，所以通常采用多种选矿方法，如重选、浮选、电磁选或选冶联合工艺进行精选，使多种有用矿物分离。近年来，国外学者在钽铌选冶联合工艺、浮选药剂的选择、研制方面做了大量工作。对烧绿石的浮选工艺，加强了脱泥、除铁、脱硫、磷、铅、钡等措施，在提高精矿质量、降低药剂消耗等方面都取得了较好的成效。

第二节　中国铌矿采选技术进步

白云鄂博矿为沉积变质-热液交代型铁、稀土、铌巨型矿床，其中主要铌工业矿物是铌铁矿、铌钙矿、铌铁金红石、易解石和烧绿石，占铌分布率的81%；该矿已发现71种元素，114种矿物，其中有用矿物40余种，含量达60%~75%。矿石性质复杂，属多金属难选矿石。

中国将包钢选矿厂弱磁—强磁—浮选稀土尾矿中选铌工艺作为国家“八五”重点攻关项目，先后有10多家科研院所和高等院校对其进行研究，铌在其中的强磁中矿选稀土尾矿中得到较好的富集。长沙矿冶研究院、包钢稀土研究院、北京有色金属研究总院和广东有色金属研究院均采用以浮选为主或浮选—磁选联合的工艺流程进行选铌小型试验研究。赣州冶金研究所应用新型选矿设备，以重选—磁选开头的联合工艺进行选别铌矿物的试验研究。

第二章　铌冶炼加工技术进步

第一节　铌冶炼技术进步

中国从20世纪60年代中期开始工业规模生产铌铁，使用的原料主要是铌精矿、普通氧化铌及含铌钢渣。吉林铁合金厂最早采用炉外铝热法用氧化铌生产中、高级铌铁。之后广东从化钽铌冶炼厂、江西九江有色金属冶炼厂、宁夏有色金属冶炼厂、株洲硬质合金厂相继建成了炉外铝热法生产铌铁的生产线，主要生产中、高级铌铁。唯有包头钢铁公司采用含铌中贫铁矿和含铌平炉渣为原料，用碳还原法冶炼生产低级铌铁。

真空碳还原法是目前国内外生成金属铌的主要方法之一，中国各钽铌冶炼厂主要采用 Nb_2O_5 真空碳还原工艺生产金属铌。1998 年宁夏东方钽业股份有限公司采用 Nb_2O_5 铝热还原—水平结晶器电子束炉熔炼铌工艺，其生产效率和产品质量均大幅提高。

宁夏东方钽业研究的电容器级铌粉，分别采用两种不同的工艺技术，成功地开发出比电容量达到 80000 ~ 100000 μF · V/g 的电容器级铌粉，属于国际领先的国家重点新产品，已供应国际顶级电容器制造商。

中国钽铌冶炼厂采用电子束和真空自耗电弧精炼工艺能够生产 W、Mo、Ta 均少于 $1 \times 10^{-4}\%$ 的高纯铌锭及铌合金锭。宁夏东方钽业制取的高能粒子加速器所用高纯铌锭剩余电阻率大于 300，其制作方法已获得中国发明专利授权，所生产的超导腔用大晶粒高纯铌片满足欧洲自由电子激光（XFEL）等项目的要求，达到世界先进水平。宁夏东方钽业超导用高纯铌材及铌钛材料已取得德国 DESY 认证，公司已成为国际合作项目 XFEL 的合格供应商。

第二节 铌加工技术进步

中国是目前继德国、美国和日本之后世界上第四个能够自主生产射频超导腔的国家。射频超导加速腔是制造当代新型粒子加速器（正负电子对撞机、X 射线自由电子激光器、放射性核物理研究装置等）的关键金属部件，技术含量高、制造工艺复杂、难度高。大型粒子加速器是探索电子、重离子、夸克等微观粒子特性，宇宙形成与演化，元素合成，物质微观结构和相互作用的高端科学仪器。

宁夏东方钽业与北京大学合作，利用宁夏东方钽业研制的大晶粒超导腔用铌材制造的部分超导腔，其加速性能达到国际先进水平，得到了国际同行的公认。东方钽业与北京大学共同出资成立宁夏东方超导科技股份有限公司，已于2013年9月成功研制出了一只1.5G 7胞超导腔和一只161.5M四分之一波长超导腔，分别如图7-1和图7-2所示。

图7-1　1.5G 7胞超导腔

据《大连新闻》2013年4月20日报道，由大连融德特种材料公司研制成功的航空航天特种“镍铌合金”，正式通过德国钛业公司检验认证，这意味着“中国产”镍铌合金拿到了进军欧美航空市场的“通行证”。融德公司于2011年

图 7-2 161.5M 四分之一波长超导腔

通过欧洲宇航认证，成为亚洲首家获此认证的航空航天级特种材料加工企业。

第三节 铌行业装备技术进步

一、钽铌湿法冶炼设备

中国钽铌冶炼企业对生产装备进行了一系列改造：采用雷蒙磨替代双筒球磨机磨矿，采用远红外连续烘干机替代木质箱式烘干箱烘料，采用自动板式压滤机替代普通工业板式压滤机洗涤过滤，采用回转炉替代马弗炉煅烧，通过这些装备改造，提高了生产效率和产品质量，降低了水、电等能源消耗。

宁夏东方钽业股份有限公司还开发了组合式萃取设备，并应用在线分析微机监控系统，实现了生产过程自动化。该组合式萃取设备集箱式、塔式和离心式萃取器优点于一身，将萃取分级效率从75%提高到95%以上，保证了钽铌与杂质、钽与铌的分离效果，降低了有机溶剂消耗。

江西九江有色金属冶炼厂2008年对湿法生产线进行改造，使从分解、萃取到后处理的烘干、煅烧等阶段的主体设备得到全面更新。

广东肇庆多罗山蓝宝石稀有金属有限公司于2011年花费上亿元对湿法冶炼生产线进行技术改造，改善了湿法冶炼生产线的劳动环境和劳动条件，进一步提高工厂的湿法冶炼工艺技术水平，提升了产品的市场竞争力。

二、钽铌火法冶炼设备

自20世纪90年代以来，东方钽业对碳化炉、还原炉的加热方式、真空系统、测温系统、控制方式、冷却系统进行了改造，采用可编程工业控制器PLC实现了生产过程自动控制和连锁保护；采用热电偶和红外光学测温仪测温，提高了测温准确性；增加了气流强制冷却系统，提高了生产效率。

宁夏东方钽业先后从国外引进200kW电子束炉4台、600kW电子束炉3台、1200kW电子束炉1台、真空自耗电弧炉1台，新增大型烧结炉3台。2012年，东方钽业对熔炼铌生产线进行了扩能改造，将铌条立式烧结改为卧式烧结，提高了铌条外观质量，避免了渗碳。

三、钽铌加工设备

中国铌冶炼加工企业采用冷加工工艺生产铌及铌合金管棒材、板带材和线材。中国有 6 家企业拥有钽铌及其合金材料加工能力，其中铌及铌锆丝生产线 3 条、钽铌管棒生产线 2 条、钽铌板带生产线 1 条。

第三章 中国铌行业标准化工作

从 20 世纪 70 年代起，中国就开始着手进行铌行业标准化工作，相继制定了铌精矿质量标准、铌冶金产品（包括氧化物、碳化物）和铌轧制品的相关标准，同时建立了比较完备的铌精矿和铌冶炼加工产品分析检验标准体系。经过数十年发展，如今标准化范围已覆盖铌矿产资源勘探、铌矿石质量标准、冶炼加工、铌产品应用（包括军工、航空航天、超导等应用领域）检验试验方法等所有方面。钽铌标准化工作有力地推动了钽铌企业的技术创新和技术进步，而钽铌企业的技术进步反过来也促进了中国钽铌标准化水平的提升，如今中国许多钽铌产品标准已接近或达到国际先进水平，但与美国、日本等发达国家的标准化系统相比，在完善性、标准先进性和标准化高效率方面仍有差距。

中国铌行业许多标准在编制、修订过程中既立足中国国情，也参考借鉴了许多国际先进标准。标准体系按类别可分为国家标准、国家军用标准以及冶金、电子等相关行业标准。因钽铌性质相近，许多标准制定时，起草单位将钽铌矿物和产品检验、试验的标准化工作合二为一，起草和公布钽铌正式标准。铌行业现行标准清单见表7-1，部分铌产品及分析检验标准化工作已列入中国有色金属标准化技术委员会标准编制、修订计划中，详见表7-2。截至2013年底，由宁夏东方钽业股份有限公司负责起草、修订或参与起草的钽铌国家标准、国家军用标准、行业标准共计59个，其中负责起草48个，参与起草11个，其部分标准见表7-3。

目前，中国钽铌冶炼企业"三废"排放执行的标准主要有：《环境空气质量标准》(GB 3095—1996)、《大气污染物综合排放标准》(GB 16297—1996)、《恶臭污染物排放标准》(GB 14554—1993)、《地面水环境质量标准》(GB 3838—2002)、《生活饮用水卫生标准》(GB 5749—2006)、《污水综合排放标准》(GB 8978—1996)、《电离辐射防护和辐射源安全基本标准》(GB 18871—2002) 等。

从20世纪90年代起北京有色冶金设计研究总院起草了许多有色金属设计方面的行业标准，目前中国已建立起比较完备的有色金属设计管理类标准体系，包括有色金属设计、节能、环保、消防等标准。

第四章 铌行业知识产权保护

世界范围铌专利申请覆盖铌矿石分解，铌化合物及其氧

表 7-1 铌行业现行标准清单

分 类	标准编号	标准名称	发布部门	实施日期	状 态
铌矿床标准	DZ/T 0203—2002	稀有金属矿产地质勘查规范	中华人民共和国国土资源部	2003-03-01	代替 1984 年《稀有金属矿地质勘探规范(试行)》
铌原料标准	GB/T 27688—2011	铌及铌合金废料	国家质量监督检验检疫局	2012-10-01	现行
	YS/T 578—2006	氟钽酸钾	国家发展和改革委员会	2006-08-01	现行
铌粉、铌氧化物、铌碳化物产品标准	YS/T 428—2012	五氧化二铌	工业和信息化部	2013-03-01	现行,代替 YS/T 428—2000
	YS/T 548—2007	高纯五氧化二铌	国家发展和改革委员会	2008-05-01	现行,代替 YS/T 548—2006, GB/T 10578—2003
	YS/T 258—2011	冶金用铌粉	工业和信息化部	2012-07-01	现行,代替 YS/T 258—1996,GB 6894—1986
	GB/T 24485—2009	碳化铌粉	国家质量监督检验检疫局	2010-06-01	现行
	GB/T 26061—2010	钽铌复合碳化物	国家质量监督检验检疫局	2011-10-1	现行

续表 7-1

分 类	标准编号	标准名称	发布部门	实施日期	状 态
铌冶炼产品，铌高温合金标准	GB/T 7737—2007	铌铁	国家质量监督检验检疫局	2008-02-01	现行，代替 GB/T 7737—1997
	YS/T 656—2007	铌及铌合金加工产品牌号和化学成分	国家发展和改革委员会	2008-05-01	现行
	GJB 957—1990	航天用铌铪合金板材	国防科学技术工业委员会		现行
	GJB 958—1990	航天用铌铪棒材	国防科学技术工业委员会		现行
	GJB 959—1990	航天用铌铪合金锻环	国防科学技术工业委员会		现行
	GJB 1737—1993	铌铪合金火箭推力室延伸段高温辐射涂层规范	国防科学技术工业委员会	1994-06-01	现行
	GJB 5913—2006(K)	镍钛铌形状记忆合金棒材规范			现行
铌钛合金分析检验标准	YS/T 861.1—2013	铌钛合金化学分析方法 第 1 部分：铝、镍、硅、铁、铬、铜、钽量的测定 电感耦合等离子体原子发射光谱法	工业和信息化部	2013-09-01	现行

续表 7-1

分类	标准编号	标准名称	发布部门	实施日期	状态
铌钛合金分析检验标准	YS/T 861. 2—2013	铌钛合金化学分析方法 第2部分：氧、氮量的测定 惰气熔融红外吸收/热导法	工业和信息化部	2013-09-01	现行
	YS/T 861. 3—2013	铌钛合金化学分析方法 第3部分：氢量的测定 惰气熔融热导法	工业和信息化部	2013-09-01	现行
	YS/T 861. 4—2013	铌钛合金化学分析方法 第4部分：碳量的测定 高频燃烧红外吸收法	工业和信息化部	2013-09-01	现行
	YS/T 861. 5—2013	铌钛合金化学分析方法 第5部分：钛量的测定 硫酸铁铵滴定法	工业和信息化部	2013-09-01	现行
铌轧制品标准	YS/T 718—2009	平面磁控溅射靶材 光学薄膜用铌靶	工业和信息化部	2010-06-01	现行
	YS/T 826—2012	五氧化二铌靶材	工业和信息化部	2013-03-01	现行
	GB/T 26062—2010	铌及铌锆合金丝	国家质量监督检验检疫局	2011-10-01	现行
	GB/T 26009—2010	电光源用铌锆合金无缝管	国家质量监督检验检疫局	2011-10-01	现行

续表 7-1

分　类	标准编号	标准名称	发布部门	实施日期	状　态
铌轧制品标准	GB/T 3630—2006	铌板材、带材和箔材	国家质量监督检验检疫局	2006-11-01	现行，代替 GB/T 3630—1983
	GB/T 8183—2007	铌及铌合金无缝管	国家质量监督检验检疫局	2008-06-01	现行，代替 GB/T 8183—1887
	GB/T 6896—2007	铌条	国家质量监督检验检疫局	2008-06-01	现行，代替 GB/T 6896—1998
	YS/T 884—2013	铌锭	工业和信息化部	2013-09-01	现行
	GB/T 14842—2007	铌及铌合金棒材	国家质量监督检验检疫局	2008-06-01	现行，代替 GB/T 14842—1993
	GB/T 23520—2009	阴极保护用铂/铌复合阳极板	国家质量监督检验检疫局	2010-02-01	现行
	YS/T 642—2007	阴极保护用铂/铌复合阳极丝	国家发展和改革委员会	2007-10-01	现行
铌酸锂晶体和压电单晶材料标准	SJ 20444—1994	铌酸锂单晶规范	工业和信息化部	1994-12-01	现行，代替 GB/T 14843—1993
	YS/T 554—2007	铌酸锂单晶	国家发展和改革委员会	2008-05-01	现行
	SJ/T 11404—2009	铌酸锂集成光学器件通用规范	工业和信息化部	2010-01-01	现行

续表 7-1

分类	标准编号	标准名称	发布部门	实施日期	状态
铌酸锂晶体和压电单晶材料标准	SJ 20869—2003	铌酸锂集成光学波导调制器测试方法	信息产业部	2004-03-01	现行
	YS/T 557—2006	压电铌酸锂单晶体声波衰减测试方法	国家发展和改革委员会	2006-10-11	现行，代替 GB/T 15250—1994
	JC/T 2025—2010	铌镁钛酸铅（PMNT）压电单晶材料	工业和信息化部	2011-03-01	现行
	JC/T 2146—2012	准相位匹配用高掺镁铌酸锂晶体	工业和信息化部		现行
钽铌精矿分析检验标准	GB/T 17415. 1—2010	钽矿石、铌矿石化学分析方法 第 1 部分：钽量测定	国家质量监督检验检疫局	2011-02-01	现行，代替 GB/T 17415. 1—1998
	GB/T 17415. 2—2010	钽矿石、铌矿石化学分析方法 第 2 部分：铌量测定	国家质量监督检验检疫局	2011-02-01	现行，代替 GB/T 17415. 2—1998
	YS/T 358. 1—2011	钽铁、铌铁精矿化学分析方法 第 1 部分：钽、铌量的测定 纸上色层重量法	工业和信息化部	2012-07-01	现行
	YS/T 358. 2—2011	钽铁、铌铁精矿化学分析方法 第 2 部分：二氧化钛量的测定 双安替吡啉甲烷分光光度法	工业和信息化部	2012-07-01	现行

续表 7-1

分　类	标准编号	标准名称	发布部门	实施日期	状　态
钽铌精矿分析检验标准	YS/T 358.3—2011	钽铁、铌铁精矿化学分析方法　第3部分：二氧化硅量的测定　硅钼蓝分光光度法和重量法	工业和信息化部	2012-07-01	现行
	YS/T 358.4—2011	钽铁、铌铁精矿化学分析方法　第4部分：三氧化钨量的测定　硫氰酸盐分光光度法	工业和信息化部	2012-07-01	现行
	YS/T 358.5—2011	钽铁、铌铁精矿化学分析方法　第5部分：铀量的测定　电感耦合等离子体发射光谱法	工业和信息化部	2012-07-01	现行
	YS/T 358.6—2011	钽铁、铌铁精矿化学分析方法　第6部分：氧化钍量的测定　电感耦合等离子体发射光谱法	工业和信息化部	2012-07-01	现行
	YS/T 358.7—2011	钽铁、铌铁精矿化学分析方法　第7部分：铁量的测定　电感耦合等离子体发射光谱法	工业和信息化部	2012-07-01	现行
	YS/T 358.8—2011	钽铁、铌铁精矿化学分析方法　第8部分：亚铁量的测定　重铬酸钾滴定法	工业和信息化部	2012-07-01	现行

续表 7-1

分　类	标准编号	标准名称	发布部门	实施日期	状　态
钽铌精矿分析检验标准	YS/T 358. 9—2011	钽铁、铌铁精矿化学分析方法　第 9 部分：锑量的测定　电感耦合等离子体发射光谱法	工业和信息化部	2012-07-01	现行
	YS/T 358. 10—2011	钽铁、铌铁精矿化学分析方法　第 10 部分：锡量的测定　碘酸钾滴定法	工业和信息化部	2012-07-01	现行
	YS/T 358. 11—2011	钽铁、铌铁精矿化学分析方法　第 11 部分：锰量的测定　原子吸收光谱法	工业和信息化部	2012-07-01	现行
铌铁分析检验标准	GB/T 3654. 1—1983	铌铁化学分析方法　纸上色层分离重量法测定铌、钽量	国家标准局	1984-03-01	现行
	GB/T 3654. 2—2008	铌铁　铜含量的测定　新亚铜灵-三氯甲烷萃取光度法	国家质量监督检验检疫局	2008-11-01	现行，代替 GB/T 3654. 2—1983
	GB/T 3654. 3—1983	铌铁化学分析方法　重量法测定硅量	国家标准局	1984-03-01	现行
	GB/T 3654. 4—1983	铌铁化学分析方法　燃烧重量法测定碳量	国家标准局	1984-03-01	现行

续表 7-1

分　类	标准编号	标准名称	发布部门	实施日期	状　态
铌铁分析检验标准	GB/T 3654.5—1983	铌铁化学分析方法　钼蓝光度法测定磷量	国家标准局	1984-03-01	现行
	GB/T 3654.6—2008	铌铁　硫含量的测定　燃烧碘量法、次甲基蓝光度法和红外线吸收法	国家质量监督检验检疫局	2008-11-01	现行，代替 GB 3654.6—1983
	GB/T 3654.8—2008	铌铁　钛含量的测定　变色酸光度法	国家质量监督检验检疫局	2008-11-01	现行，代替 GB 3654.8—1983
	GB/T 3654.9—1983	铌铁化学分析方法　硫氰酸盐光度法测定钨量	国家标准局	1984-03-01	现行
	GB/T 3654.10—1983	铌铁化学分析方法 EDTA 容量法测定铝量	国家标准局	1984-03-01	现行
钽铌冶金产品分析检验标准	GB/T 15076.1—1994	钽铌化学分析方法　铌中钽量的测定	国家技术监督局	1994-12-01	现行
	GB/T 15076.2—1994	钽铌化学分析方法　钽中铌量的测定	国家技术监督局	1994-01-02	现行
	GB/T 15076.3—1994	钽铌化学分析方法　铜量的测定	国家技术监督局	1994-01-02	现行
	GB/T 15076.4—1994	钽铌化学分析方法　铁量的测定	国家技术监督局	1994-01-02	现行
	GB/T 15076.5—1994	钽铌化学分析方法　钼量和钨量的测定	国家技术监督局	1994-01-02	现行

续表 7-1

分 类	标准编号	标准名称	发布部门	实施日期	状 态
钽铌冶金产品分析检验标准	GB/T 15076. 6—1994	钽铌化学分析方法 钽中硅量的测定	国家技术监督局	1994-01-02	现行
	GB/T 15076. 7—1994	钽铌化学分析方法 铌中磷量的测定	国家技术监督局	1994-01-02	现行
	GB/T 15076. 8—2008	钽铌化学分析方法 碳量和硫量的测定	国家质量监督检验检疫局	2008-09-01	现行，代替 GB/T 15076. 8—1994
	GB/T 15076. 9—2008	钽铌化学分析方法 钽中铁、铬、镍、锰、钛、铝、铜、锡、铅和锆量的测定	国家质量监督检验检疫局	2008-09-01	现行，代替 GB/T 15076. 9—1994
	GB/T 15076. 10—2008	钽铌化学分析方法 铌中铁、镍、铬、钛、锆、铝和锰量的测定	国家质量监督检验检疫局	2008-09-01	现行，代替 GB/T 15076. 11—1994
	GB/T 15076. 11—2008	钽铌化学分析方法 铌中砷、锑、铅、锡和铋量的测定	国家质量监督检验检疫局	2008-09-01	现行
	GB/T 15076. 12—2008	钽铌化学分析方法 钽中磷量的测定	国家质量监督检验检疫局	2008-09-01	现行
	GB/T 15076. 13—2008	钽铌化学分析方法 钽中氮量的测定	国家质量监督检验检疫局	2008-09-01	现行，代替 GB/T 15076. 13—1994
	GB/T 15076. 14—2008	钽铌化学分析方法 氧量的测定	国家质量监督检验检疫局	2008-09-01	现行

续表 7-1

分　类	标准编号	标准名称	发布部门	实施日期	状　态
钽铌冶金产品分析检验标准	GB/T 15076.15—2008	钽铌化学分析方法　氢量的测定	国家质量监督检验检疫局	2008-09-01	现行，代替 GB/T 15076.15—1994
	GB/T 15076.16—2008	钽铌化学分析方法　钠量和钾量的测定	国家质量监督检验检疫局	2008-09-01	现行
铌超导体测量标准	GB/T 25897—2010	超导电性：铌-酞复合超导体剩余电阻比测定	国家质量监督检验检疫局	2011-05-01	现行
	GB/T 28871—2012	铌三锡（Nb_3Sn）复合超导体的直流临界电流测量	国家质量监督检验检疫局	2013-02-15	现行
钽铌产品能耗管理标准	YS/T 945—2013	钽铌精矿单位产品能源消耗限额	工业和信息化部	2014-03-01	现行
	YS/T 946—2013	钽铌冶炼单位产品能源消耗限额	工业和信息化部	2014-03-01	现行

表 7-2　已列入编制修订计划的铌标准

计划号	项目名称	制修订	代替标准	完成年限	技术委员会或技术归口单位	主要起草单位
2013-0361T-YS	铌及铌合金加工产品牌号和化学成分	修订	YS/T 656—2007	2014	全国有色金属标准化技术委员会	宝钛集团有限公司、宁夏东方钽业股份有限公司

续表 7-2

计划号	项目名称	制修订	代替标准	完成年限	技术委员会或技术归口单位	主要起草单位
2013-0294T-YB	铌铁	研制		2014	冶金标准样品分技术委员会	山东省冶金科学研究院、冶金工业信息标准研究院
	航天用铌钨合金棒材规范	制定		报批中	全国有色金属标准化技术委员会	宁夏东方钽业股份有限公司
	航天用铌钨合金板材规范	制定		报批中	全国有色金属标准化技术委员会	宁夏东方钽业股份有限公司
	航天用铌钨合金高温抗氧化涂层规范	制定		报批中	全国有色金属标准化技术委员会	宁夏东方钽业股份有限公司
	钽铌化学分析方法铌中钽量的测定	修订	GB/T 15076. 1—1994		全国有色金属标准化技术委员会	待定
	钽铌化学分析方法钽中铌量的测定	修订	GB/T 15076. 2—1994		全国有色金属标准化技术委员会	待定
	钽铌化学分析方法铜量的测定	修订	GB/T 15076. 3—1994		全国有色金属标准化技术委员会	待定
	钽铌化学分析方法铁量的测定	修订	GB/T 15076. 4—1994		全国有色金属标准化技术委员会	待定
	钽铌化学分析方法钼和钨量的测定	修订	GB/T 15076. 5—1994		全国有色金属标准化技术委员会	待定

续表 7-2

计划号	项目名称	制修订	代替标准	完成年限	技术委员会或技术归口单位	主要起草单位
	钽铌化学分析方法　铌中磷量的测定	修订	GB/T 15076. 7—1994		全国有色金属标准化技术委员会	待定
	钽铌化学分析方法　铌中铁、镍、铬、钛、锆、铝和锰量的测定	修订	GB/T 15076. 10—1994		全国有色金属标准化技术委员会	待定
	钽铌化学分析方法　铌中砷、锑、铅、锡和铋量的测定	修订	GB/T 15076. 11—1994		全国有色金属标准化技术委员会	待定

注：资料来源于国家工业和信息化部和全国有色金属标准化技术委员会近年发布的标准化制修订计划。

表 7-3　宁夏东方钽业负责起草或参与起草的部分铌标准一览表

序号	标准名称	标准编号	承担任务	类别	年份
1	铌酸锂单晶	GB/T 14843—1993	负责起草	国标	1993 年制定
2	钽铌化学分析方法　铌中钽量的测定	GB/T 10576. 1—1994	负责起草	国标	1994 年制定
3	钽铌化学分析方法　钽中铌量的测定	GB/T 10576. 2—1994	负责起草	国标	1994 年制定
4	钽铌化学分析方法　铜量的测定	GB/T 10576. 3—1994	负责起草	国标	1994 年制定
5	钽铌化学分析方法　铁量的测定	GB/T 10576. 4—1994	负责起草	国标	1994 年制定
6	钽铌化学分析方法　钼量和钨量的测定	GB/T 10576. 5—1994	负责起草	国标	1994 年制定

续表 7-3

序号	标 准 名 称	标准编号	承担任务	类别	年　份
7	钽铌化学分析方法　钽中硅量的测定	GB/T 10576. 6—1994	负责起草	国标	1994 年制定
8	钽铌化学分析方法　铌中磷量的测定	GB/T 10576. 7—1994	负责起草	国标	1994 年制定
9	钽铌化学分析方法　铌中硫量的测定	GB/T 10576. 8—1994	负责起草	国标	1994 年制定
10	钽铌化学分析方法　钽中铁、铬、镍、锰、钛、铝、铜、锡、铅和锆量的测定	GB/T 10576. 9—1994	负责起草	国标	1994 年制定
11	钽铌化学分析方法　铌中铁、镍、铬、钛、锆、铝和锰量的测定	GB/T 10576. 10—1994	负责起草	国标	1994 年制定
12	钽铌化学分析方法　铌中砷、锑、铅、锡和铋量的测定	GB/T 10576. 11—1994	负责起草	国标	1994 年制定
13	钽铌化学分析方法　碳量的测定	GB/T 10576. 12—1994	负责起草	国标	1994 年制定
14	钽铌化学分析方法　钽中氮量的测定	GB/T 10576. 13—1994	负责起草	国标	1994 年制定
15	钽铌化学分析方法　氧量的测定	GB/T 10576. 14—1994	负责起草	国标	1994 年制定
16	钽铌化学分析方法　氢量的测定	GB/T 10576. 15—1994	负责起草	国标	1994 年制定
17	五氧化二铌	YS/T 428—2000	负责起草	行标	2000 年制定
18	高纯五氧化二铌	GB/T 10578—2003	参与起草	国标	2003 年修订
19	氟钽酸钾	YS/T 578—2006	参与起草	行标	2006 年制定
20	铌及铌合金无缝管	GB/T 8183—2007	参与起草	国标	2007 年修订
21	铌条	GB/T 6896—2007	参与起草	国标	2007 年修订

续表 7-3

序号	标 准 名 称	标准编号	承担任务	类别	年 份
22	铌酸锂单晶	YS/T 554—2007	负责起草	行标	制 定
23	高纯五氧化二铌	YS/T 548—2007	参与起草	行标	2007 年修订
24	钽铌化学分析方法 钾量和钠量的测定	GB/T 10576. 16—2008	负责起草	国标	2008 年制定
25	钽铌化学分析方法 钽中磷量的测定	GB/T 10576. 12—2008	负责起草	国标	2008 年制定
26	钽铌化学分析方法 氢量的测定	GB/T 10576. 15—2008	负责起草	国标	2008 年修订
27	钽铌化学分析方法 钽中铁、铬、镍、锰、钛、铝、铜、锡、铅和锆量的测定	GB/T 10576. 9—2008	负责起草	国标	2008 年修订
28	钽铌化学分析方法 氧量的测定	GB/T 10576. 14—2008	负责起草	国标	2008 年修订
29	钽铌化学分析方法 碳量和硫量的测定	GB/T 10576. 8—2008	负责起草	国标	2008 年修订
30	碳化铌粉	GB/T 24485—2009	参与起草	国标	2008 年制定
31	铌及铌锆合金丝	GB/T 26062—2010	负责起草	国标	2009 年制定
32	钽铌复合碳化物	GB/T 26061—2010	负责起草	国标	2009 年制定
33	铌及铌合金废料	GB/T 27688—2011	负责起草	国标	2010 年制定
34	冶金用铌粉	YS/T 258—2011	负责起草	行标	2010 年修订
35	五氧化二铌	YS/T 428—2012	负责起草	行标	2011 年修订
36	铌锭	YS/T 884—2013	负责起草	行标	2011 年修订
37	航天用铌钨合金棒材规范	标准号待定	负责起草	国军标	2012 年编制
38	航天用铌钨合金板材规范	标准号待定	负责起草	国军标	2012 年编制
39	航天用铌钨合金高温抗氧化涂层规范	标准号待定	负责起草	国军标	2013 年编制

化物制造方法，铌提纯和回收，铌粉制造方法，铌粉掺杂、球团化及脱氧技术，铌基合金和含铌合金、高纯铌超导材料、高纯铌溅射靶材、铌电解电容器，铌酸锂晶体和压电器件等微电子应用，其中电解电容器专利最多。

第一节 世界铌专利申请情况

世界发达国家十分重视知识产权的保护，铌专利申请量逐年猛增，覆盖范围广。在美国专利商标局网站从专利数据库检索 1976 年至 2015 年 2 月 3 日“铌”的专利共有 42817 件。在欧洲专利局网站检索到有关“铌”的专利文献有 20644 件。在日本特许厅网站专利数据库检索从 1868 年至 2015 年 2 月 3 日有关铌专利有 3731 件。

国际大型跨国公司凭借各自专有技术、产品和服务优势在全球钽铌市场上进行竞争和较量，但也不乏以双方专利交叉授权使用的方式在知识产权方面进行合作。2005 年，霍尼韦尔公司（Honeywell）旗下电子材料（Electronic Materials）宣布与 Cabot 公司就面向半导体行业的钽材料和产品签署了一项全球专利交叉授权协议。专利合并组合包括与高纯度钽金属和溅镀靶材的生产有关的 14 项全球专利。2011 年 1 月，H. C. Starck 和 Cabot Supermetals 两家公司宣布达成了一份“广泛的、公开性”的专利交换使用协议，共享双方在钽铌粉末科技方面的研究成果，双方签订的专利交易将促进钽电容器替代品的研发进程。

近年来在铌专利申请方面，国外大型跨国公司也加强了对中国市场的争夺，尤其美国、日本、德国在华专利、商标等申请量逐年快速增长，如日本昭和电工在华申请各种专利2699件（其中钽专利73件，铌专利125件，涉及钽、铌化合物，钽、铌粉末和钽、铌电容器制造方法）；美国卡博特公司在华申请钽专利71件，铌专利68件；德国H. C. Starck在中国台湾申请专利11件（主要涉及铌化合物及氧化物制备方法）；世界顶级电容器制造商AVX在华申请钽铌电容器专利100多项；Kemet在华申请10多项；三洋电子部品株式会社23项。

近10年来中国钽铌冶炼加工厂商实行“走出去”发展战略，积极开发海外钽铌资源和开拓海外市场，参与国际市场竞争，同时在国外许多国家申请专利和商标注册并获得多项专利、商标授权，在保护知识产权、开拓国际市场、增强国际市场竞争力方面已取得显著成效。

第二节 中国钽铌行业专利申请授权情况统计

中国钽铌行业主要专利申请单位专利申请、授权情况见表7-4。

表 7-4 中国钽铌行业主要专利申请单位专利申请、授权情况

钽铌矿山、冶炼加工厂和钽电容器制造商	申请、授权专利数	说 明
宁夏东方钽业股份有限公司	共申请钽铌钛专利163件，授权137件，24件处于公开、审查阶段	涉及钽粉、铌粉、钽铌氧化物、钽铌合金制备方法，高纯靶材、钽丝、超导用铌材加工方法等
九江有色金属冶炼有限公司	共申请11件，其中6件实用新型专利获得授权，5件发明专利处于公开、实质审查阶段	涉及氧化钽、氧化铌制备方法、钽铌冶炼加工设备和装置、荧光粉制备方法等
广东从化钽铌冶炼厂	共申请12件，其中10件实用新型专利获得授权，2件发明专利处于公开、实质审查阶段	涉及高纯氧化铌制备工艺、氟钽酸钾中硅含量的测定方法以及钽铌萃取、分解、混料、过滤等专用装置、设备
江门富祥电子材料有限公司	共申请24件，授权发明专利10件，授权实用新型专利11件，1件处于公开、实质审查阶段	涉及钽粉镁还原降氧方法、氧化铌制取方法，钽坩埚热处理方法、钽粉生产方法、钠还原生产钽粉方法及装置，萃取和降氧专用设备或装置等
广东致远新材料有限公司	共申请专利16件，其中10件实用新型专利获授权，4件发明专利获得授权，1件发明专利处于公开、实质审查阶段	涉及高纯钽、氧化铌制取方法，萃取、烘干、给料专用设备或装置等
江西景泰钽业有限公司	共申请授权专利11件，其中8件发明专利和2件实用新型专利专利权已转移	涉及用钽电容器废料制备超细碳化钽的方法，高纯五氧化二钽和五氧化二铌除锑方法，钽铌氢氧化物的洗涤方法及洗涤装置等
长沙南方钽铌有限责任公司	共申请10件，其中授权发明专利4件，授权实用新型专利4件	涉及高纯钽锭、钽管制备方法及退火炉、真空高温感应炉等

续表 7-4

钽铌矿山、冶炼加工厂和钽电容器制造商	申请、授权专利数	说　明
肇庆多罗山蓝宝石稀有金属有限公司	共申请 6 件，4 件发明专利已授权	涉及五氧化二钽、五氧化二铌、氟钽酸钾制备方法、降低钽粉中杂质含量方法
宜春钽铌矿	共申请专利 3 件，1 件处于公开、实质审查阶段	涉及钽铌精矿分离方法、长石、锂云母生产工艺
宁波江丰电子材料有限公司	共申请各种专利 300 件，其中申请钽铌专利 40 件，其中 29 件已获授权，7 件处于公开审查阶段	涉及靶材制作、焊接方法
贵州振华集团新云电子元器件有限责任公司	共申请 157 件专利，其中 145 件已获授权，7 件发明专利处于公开、实质审查阶段	涉及多种钽铌电容器制造方法、电容器改进结构方法、测试老炼分选夹具、其他专用设备等
北京七一八友益电子有限责任公司	共申请专利 11 件，其中 8 件发明专利获授权，5 件实用新型专利获授权	涉及片式钽、铌电容器，高分子聚合物钽电容器制造方法
宁夏星日电子有限公司	共申请 14 件专利，其中 4 件发明专利获授权	涉及钽、铌电容器制造方法，元器件老化装置，聚合物钽电容器制造方法等
重庆润泽医药有限公司	共申请发明和实用新型专利钽相关 488 件，其中 20 件处于公开审查阶段	涉及医用植入材料多孔钽的制备方法、人工植牙结构等
中国石油化工股份有限公司	共申请铌相关专利 138 件	涉及铌硅分子筛制备方法、氧化铌催化剂制备方法，二甲醚、乙二醇醚制备方法等

注：表中数据基于 SooPAT 专利数据库检索分析获得资料整理。

第三节 SooPAT 专利数据库检索分析

利用 SooPAT 专利数据库对截止到 2015 年 2 月 3 日所有国家和地区在华申请专利进行检索分析，检索到有关“铌”专利共 11892 件，其中“铌粉”396 件，排名第一的是昭和电工株式会社（37 件），排名第二的是宁夏东方钽业股份有限公司（21 件），相继排名的是卡伯特公司（18 件），哈尔滨工业大学（16 件），北京科技大学（10 件）等。

其中“铌合金”专利 376 件，排名第一的是宁夏东方钽业股份有限公司（19 件），排名第二的是西北有色金属研究院（14 件），相继排名的是京东方科技集团股份有限公司（12 件），哈尔滨工业大学（12 件），昭和电工株式会社（11 件），三洋电机株式会社（11 件）。

其中“铌酸盐”专利共 265 件，排名第一的是武汉理工大学(16 件)，相继排名的是桂林理工大学(15 件)，中国科学院上海硅酸盐研究所(11 件)和电子科技大学(10 件)等。

其中“铌电容器" 专利共 36 件，排名第一的是昭和电工株式会社（12 件），相继排名的是中国振华（集团）新云电子元器件有限责任公司（7 件），北京七一八友益电子有限责任公司（3 件），宁夏东方有色集团有限公司（2 件），江西景泰钽业有限公司（2 件）等。

其中“铌靶材”专利 12 件，宁夏东方钽业股份有限公司（4 件）排名第一，相继排名的是西北稀有金属材料研究院（2件），浙江大学（1件），江西沃格光电科技有限公司（1件）等。

从SooPAT专利数据库检索分析，可以看到从1999年起在华铌专利申请量逐年猛增，如图7-3所示，前10名申请人铌专利申请量排名见表7-5，“铌”专利主要申请单位申请量对比如图7-4所示。

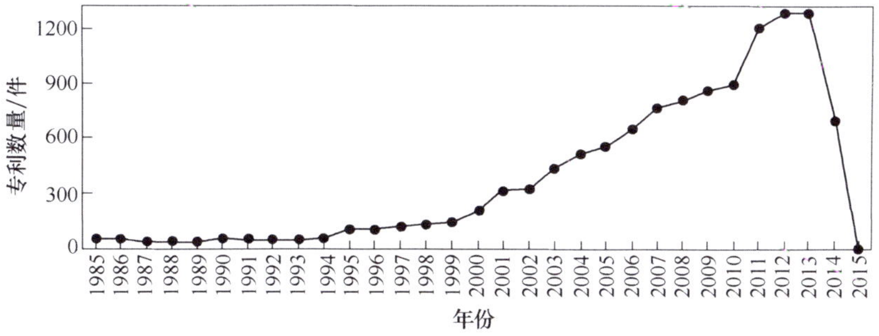

图7-3　逐年在华铌专利申请量趋势图

表7-5　铌专利主要申请单位申请量对比（申请人前10名）

排　名	申　请　人	专利数/件	百分比/%
1	中国石油化工股份有限公司	138	1.02
2	北京科技大学	137	1.01
3	哈尔滨工业大学	128	0.95
4	昭和电工株式会社	125	0.92
5	鸿富锦精密工业（深圳）有限公司	120	0.89
6	天津大学	114	0.84
7	中国科学院上海硅酸盐研究所	110	0.81
8	鸿海精密工业股份有限公司	107	0.79
9	通用电气公司	95	0.70
10	宁夏东方钽业股份有限公司	93	0.69

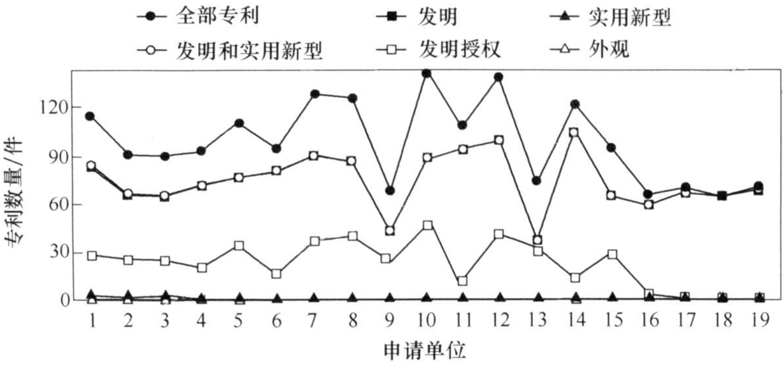

图 7-4 “铌”专利主要申请单位申请量对比

1—天津大学；2—北京工业大学；3—清华大学；4—松下电器产业株式会社；5—中科院上海光学精密机械研究所；6—通用电气公司；7—哈尔滨工业大学；8—昭和电工株式会社；9—卡伯特公司；10—北京科技大学；11—鸿海精密工业股份有限公司；12—中国石油化工股份有限公司；13—中石化石油化工科学研究院；14—鸿富锦精密工业（深圳）有限公司；15—宁夏东方钽业股份有限公司；16—攀钢集团攀枝花钢铁研究院；17—深圳市海洋王照明技术有限公司；18—深圳市海洋王照明工程有限公司；19—海洋王照明科技股份有限公司

第四节 钽铌行业知识产权保护战略

近年来宁夏东方钽业股份有限公司高度重视知识产权的创造、应用、保护和管理工作，建立和完善了知识产权管理制度和体系，明确知识产权管理机构及其职责，鼓励技术人员发明创造，加大了专利申请的奖励力度。截至 2015 年 2 月，公司共申请中国专利 163 件，授权专利 137 项，在美国、日本、德国、英国、以色列、中国台湾等国家和地区申请专利 51 件，PCT 申请 25 件。公司是宁夏拥有发明专利最多的企业，是“全国企事业知识产权试点示范单位”。公司利用专利技术的二次开发、技术引进、专利对抗、专利诉讼等方式抵御竞争者的专利攻势，依靠专利保护掌控了一批核心技术，打破了欧美竞争对手的技术垄断，在钽铌产业处于技术领先和市场主导地位。

宁夏东方钽业股份有限公司的“球化造粒凝集金属粉末的方法”、“高比表面积钽粉和铌粉的制备方法”、“高温抗氧化材料及由其制备的高温抗氧化涂层”、“低价氧化铌或铌粉的制备方法”专利相继荣获国家知识产权局第11届、12届、13届、14届中国专利优秀奖，2013年被评为“国家知识产权战略实施工作先进集体”称号。

国内外主要的专利服务网站：

（1）美国专利商标局网站：http：//patft. uspto. gov/。

（2）欧洲专利局网站：http：//www. epo. org/。

（3）日本特许厅网站：http：//www. ipdl. inpit. go. jp/。

（4）SooPAT专利检索分析平台:http://www. soopat. com/。

（5）国家重点产业专利信息服务平台网址:http://www. chinaip. com. cn/。

（6）中国国家知识产权局网站:http://www. sipo. gov. cn/zljsfl/。

第八篇

铌循环经济与“三废”治理

第一章　铌资源的综合利用

铌是不可再生资源，铌及铌合金加工材的应用日益广泛，消耗了大量的铌资源。中国缺少高品位的烧绿石，解决铌资源短缺的一个重要途径就是实现材料综合回收再利用。目前铌资源综合利用主要有以下途径：从锡炉渣中回收钽、铌，在稀土铌矿采选中实现对铌资源的综合利用，从钽、铌冶炼和铌加工中回收。

第一节　包头稀土铌资源的综合利用

包钢集团矿冶研究院对白云鄂博矿体中铌的开发利用经过多年研究，终于取得了重大突破，工艺采用全浮选流程，并成功进行了工业试验，获得稀土精矿、铁精矿和铌精矿终端3种产品，其中铌精矿的品位达到4%以上，为实现工业应用奠定了基础。工艺流程采用混合浮选—混合泡沫回收稀土精矿—浮砂回收铁精矿—铁尾矿再回收铌精矿。铌采用一粗三精浮选工艺，首先获得品位2%以上的浮选铌精矿，然后再采用强磁脱铁工艺对浮选铌精矿进行处理，获得品位为4%以上的铌精矿（回收率达25%以上）及品位为1%品位的铌次精矿。铌精矿可以作为冶炼低级铌铁的原料，该工艺的成功，为包钢白云鄂博以铌为代表的稀土、铁、萤石、钪等资源综合利用回收产业化提供了技术依托。

2012年4月，由包钢集团矿冶研究院、包头稀土研究院、白云铁矿选矿厂等单位联合编制的《内蒙古白云鄂博稀土、铁及铌矿资源综合利用示范基地建设总体规划》通过了国土资源部规划司、财务司，财政部经济建设司在北京联合组织的有关专家的审查。

据2012年9月4日《包头新闻网》报道，包钢白云鄂博矿铌选别等三个综合利用工程已开工建设。

第二节 国内其他企业对铌资源的综合利用

早在20世纪70年代初，中国就开始了钽铌湿法冶炼废水中有用成分的回收。当时冶金部拨款并组织株洲硬质合金厂（601厂）、宁夏有色金属冶炼厂（905厂）、九江有色金属冶炼厂（806厂）、长沙有色冶金设计研究院等单位在601厂、905厂等企业从萃取残液等废水中进行综合回收的扩大试验。在601厂主要回收粗钨酸、氟硅酸钠、硫酸钠、硫酸铵、氟化氢铁等产品，在905厂主要回收氟硅酸钠、冰晶石、硫酸铁、氟化氢铵等产品。

1987～1993 年，九江有色金属冶炼厂将钽铌分解渣送江西某厂和湖南某厂进行回收铀、钍的试验性生产，取得较好效果。1989 年开始了从钛铌钽矿生产废水中综合回收钛的研究。1992 年建成从矿萃残液中回收氟钛酸钾生产线。

东方钽业承担的 2008 年度国家发展改革委重大产业技术开发专项“难分解、低品位钽铌资源的综合回收利用”项目，从 2009 年 1 月开始实施，2010 年 10 月顺利通过宁夏回族自治区经济和信息化委员会验收。宁夏东方钽业研究开发了低品位矿的预处理和富集，难分解、低品位矿的分解技术，低品位矿中钛、锆、钨综合回收技术，体系清洁化技术等关键技术，形成了从提高品位—高效分解利用—回收有价金属的工艺技术路线，并对生产线改造，用冷却结晶法从低品位矿中综合回收钛、锆、钨等有价金属，使难分解矿中钽铌总收率、低品位矿总收率均由约 60%～70% 提高到 85% 以上。

中国南方地区的钽、铌湿法生产线处理了大量铌废料和难分解、低品位矿石，为中国钽铌工业的原料保证作出了重要贡献。

东方钽业通过边角废料再回收，将废品、废料分类管理，实现铌及铌合金废料回收再利用。将各种锻造棒头和车屑、边角废料处理干净后压成的电极块或放入氩弧焊箱中焊接成熔炼电极；当铌合金料中的合金元素在熔炼后无法满足铌合金材的合金元素含量要求时，需采用氢化制粉方法，经压坯、烧结后制备出烧结条。

为了有效地落实节能减排的国家政策，2013 年中国工业和信息化部批准发布了《钽铌精矿单位产品能源消耗限额》(YS/T 945—2013）和《钽铌冶炼单位产品能源消耗限额》(YS/T 946—2013）标准，对钽铌采矿、选矿和冶炼企业规定了能耗限额要求以及能耗计算方法、节能管理和措施，详见表 8-1。

表 8-1　钽铌采选和冶炼企业能耗限额要求

标准号	标准名	能耗限额要求
YS/T 945—2013	钽铌精矿单位产品能源消耗限额	本标准规定了钽铌采矿、选矿企业单位产品能源消耗限额的要求、计算原则及计算方法、节能管理和措施；本标准适用于以钽铌金属为主的采矿、选矿企业，以钽铌矿石采矿、破碎、富集至产出合格精矿产品能耗的计算、评定及考核；本标准不适用于以钽铌作为副产品的采矿、选矿企业
YS/T 946—2013	钽铌冶炼单位产品能源消耗限额	本标准规定了钽铌冶炼单位产品能源消耗限额的要求、计算原则及计算方法、节能管理和措施；本标准适用于以钽铌精矿冶炼至产出合格五氧化二钽（五氧化二铌）产品能耗的计算、评定及考核；本标准不适用于生产其他钽铌产品的企业

第二章　铌行业“三废”治理

铌在冶炼过程中，大量使用氟化氢、硫酸、金属钠及有机等危险化学品，产生毒性程度和数量不等的废水、废气和废渣，特别是钽铌分离和提取以湿法冶金为主，一般都采用高浓度氢氟酸和硫酸浸出，污染比较集中，局部浓度高、腐蚀性大。以大型钽铌生产企业为例，通常每处理1t钽铌精矿按氧化物计平均消耗氢氟酸4～5t，硫酸约3～5t。若低品位原料耗氢氟酸量高达6～8t。氢氟酸的高度腐蚀性和冶炼过程产生的含氟废气、废水、废渣问题十分突出。因此，清洁生产和经济可持续发展已成为钽铌企业发展的重要课题。

第一节 钽铌冶炼“三废”来源

钽铌冶炼产生的“三废”主要包括以下几个方面：

（1）废水。钽铌湿法冶炼工艺所产生的废水点较多，废水量较大，且种类、成分复杂，如矿浆萃取、萃取酸洗、氢氧化铌（氢氧化钽）沉淀及洗涤、氟钽酸钾结晶以及制钽粉酸洗过程产生的含氟废水及氟钽酸钾结晶母液用氨沉淀后产生的含氨废水等。

（2）废气。在钽铌冶炼过程中，产生的废气为钽铌精矿酸分解过程的含氟废气、氢氧化铌沉淀工序产生的含氨废气，精矿氯化、碳化物氯化、还原提纯和真空蒸馏等过程中排出的含氯废气及钽铌粉末冶金过程中的粉尘等。

（3）废渣。钽铌冶金中的废渣主要是精矿分解后的残渣或矿浆萃取后的残渣，这些残渣常含有放射性元素铀、钍及其衰变产物以及废水处理过程产生的沉淀废渣等。主要危险固体废弃物为钠还原钽粉产生的副产物氟化盐和分解钽铌矿石产生的放射性废渣。

第二节　铌冶炼过程中的“三废”治理措施

一、废水治理

钽铌冶炼厂废水处理大致有合并处理和分别处理两类方法。对兼含有氟和铀的废水多用合并处理的办法，而对那些含有一定量有用物质的废水多采用分别处理的办法。常用的废水处理方法有化学法、离子树脂交换法、吸附法、蒸发浓缩法、反渗透法、电解法、电渗析法和生物处理法等。钽铌冶金废水中因含氟使某些处理方法受到一定局限。

（一）合并处理

合并处理有吸附法和沉淀法两种：

（1）吸附法。吸附法是用可吸附氟的吸附剂，如皂土、沼铁矿等和可吸附铀的吸附剂，如磷酸钙、磷酸镁、焦炭、软锰矿等，通过物理吸附和化学吸附除去氟、铀等有害物质。

（2）沉淀法。有重力沉淀法和化学沉淀法两种。重力沉淀法主要用于去除废水中的砂粒、化学沉淀物等。常用除氟沉淀剂有氧化钙、硫酸铝、过磷酸钙、氢氧化镁、聚合氯化铝、聚丙烯酰胺等沉淀氟化物（如 CaF_2、$Ca_5F(PO_4)_3$），常用除铀沉淀剂有氧化钙、氢氧化铝和新鲜的氢氧化铁等。沉淀法合并处理较多采用石灰作沉淀剂，除去废水中的 F^- 和重金属离子。

（二）分别处理

废水中NH_4^+、F^-的回收：钽铌沉淀工序产生的废水，含有NH_4^+、F^-、SO_4^{2-}（NH_4^+约10g/L，F^-约80g/L，SO_4^{2-}约30g/L）。由于污染物浓度较高，可回收其中价值较高的氟化氢铵。在蒸发过程中利用氟化氢铵、硫酸铵的溶解度随温度变化不同的特性，采用分步结晶法可使这两种化合物基本分离。

二、废气治理

（一）含氟废气

含氟废气的治理技术可分为干式吸附法和湿式吸收法。干法净化通常采用氧化铝作吸附剂，将废气中的HF、SiF_4等污染物吸附在固体表面，再通过除尘除去。干法净化烟气通常要先经过布袋收尘。干式吸附法设备工艺简单、净化效率高、流程短，不产生二次污染和设备腐蚀等问题，但仅能用于不含水汽的氟化氢气体的净化。湿式吸收法是采用水或碱性水来循环吸收废气中的HF达到净化目的，并生成氟硅酸和氟硅酸钠等。湿式吸收法净化效率高，效果好，易实现连续化净化作业，但缺点是可能造成二次污染。

（二）含钽铌氧化物粉尘废气

钽铌氧化物焙烧过程中，产生少量的钽铌氧化物粉尘，一些厂家采用袋式除尘器对粉尘进行回收。东方钽业主要通过布袋除尘装置控制工业粉尘的排放，利用酸洗岗位产生的废水进行喷射除尘，取得了较好的效果。

三、废渣治理

放射性钽铌渣是钽铌冶炼产生的分解残渣，渣矿比为160kg/t(矿)，比活度为$1.24\times10^5\sim2.72\times10^5$Bq/kg。中华人民共和国《放射防护规定》中规定：比活度等于或大于2×10^4Bq/kg都属于放射性固体废物。对放射性废渣应按照《放射防护规定》，采用储存法和固化法处理，储存在符合标准的废物库内，或选择符合安全要求的浅地层埋藏场地进行处置。

第九篇

铌行业相关组织和刊物

第一章　中国有色金属工业协会钽铌分会

中国有色金属工业协会钽铌分会是经民政部批准予以登记，隶属于中国有色金属工业协会管理的分支机构，于2009年8月9日在北京成立。中国有色金属工业协会钽铌分会挂靠宁夏东方钽业股份有限公司，现有会员单位32家，主要由钽铌矿山、冶炼加工企业、电容器制造企业和从事钽铌业务的贸易公司组成。第一届钽铌分会会长文献军、常务副会长李彬、秘书长张红岳；第二届钽铌分会概况见表9-1。

表9-1　第二届钽铌分会概况

名　称	挂靠单位	会长、常务副会长、名誉会长	秘书长	地址及联系方式
中国有色金属工业协会钽铌分会	中色（宁夏）东方集团有限公司	会长：文献军	张红岳	地址：宁夏石嘴山市大武口区冶金路119号； 电话:0952-2098530； 电子信箱：tanghm_nniec@ otic. com. cn
		常务副会长：李彬		
		副会长：曹七林、郭永忠、林耀民、袁明才、姚兴旺、曾国忠、胡德勇		
		名誉会长：何季麟、邓德生		

钽铌分会的主要职责：

（1）做好行业调查研究，摸清家底，对行业大发展趋势做好调研工作。

（2）搞好行业信息统计交流，建立定期信息统计制度和机制，为政府部门决策提供可靠依据。

（3）推进行业科技进步，加强自主创新能力，进一步实现行业的产业升级，推进技术进步。

（4）做好行业内部自律，规范管理，制定行规行约，反映企业诉求。

（5）加强国际交流合作。

第二章 中国有色金属学会稀有金属冶金学会钽铌冶金专业委员会

中国有色金属学会现有19个专业学术委员会，其中稀有金属冶金专业学术委员会又下设钽铌冶金专业委员会，挂靠单位是中色（宁夏）东方集团有限公司，现有委员单位24家。

钽铌冶金专业委员会成立于1985年7月，北京有色金属研究总院任主任委员单位，委员单位包括：宁夏有色金属冶炼厂、宜春钽铌矿、九江有色金属冶炼厂、从化钽铌冶炼厂、栗木锡矿、中南工业大学、广州有色金属研究院、株洲硬质合金厂四分厂、新疆阿勒泰矿等10家单位。从1996年至今由宁夏有色金属冶炼厂任主任委员单位。2010年改选中色（宁夏）东方集团有限公司李彬任主任委员，委员单位增加至24家，增加的单位主要是民营企业。

钽铌冶金专业委员会每年召开一次成员会议，每两年召开一次全体委员大会及技术研讨会，并编辑发行会议论文集。

第三章　钽铌国际研究中心（TIC）

钽铌国际研究中心（Tantalum-Niobium International Study Center，TIC）是依据比利时法律于1974年成立的一个国际性非盈利组织，现有20多个国家的85个会员，涉及钽铌供应链的所有环节（包括矿石采选、贸易、矿石加工、金属加工、电容器制造、废料回收以及医疗、航空航天等领域的终端用户）。

TIC的主要工作：

（1）增强对钽铌性能的认识，促进应用。

（2）每年10月组织召开会员大会并在会上作商业和技术报告。每5年的10月组织一次时间较长的商业和技术研讨会，有时包含参观某地会员工厂。

（3）将会员的钽铌原料生产、加工厂商的进货量和产品出货量以及电容器制造商的金属钽进货量数据统计，每季度给会员提供数据汇总报告。

（4）解决钽铌行业所面临的主要问题和挑战，如个体和小规模采矿、放射性材料运输等。

中国中色（宁夏）东方集团公司、广东从化钽铌冶炼厂、广东江门富祥电子材料有限公司、广东肇庆多罗山稀有金属有限公司、江西景泰钽业有限公司是 TIC 的正式会员，其中宁夏东方钽业股份有限公司是亚洲唯一的 TIC 执委会成员单位。

TIC 网址：http：//www. tanb. org。

钽铌国际研究中心（TIC）成员概况见表 9-2。

表 9-2　钽铌国际研究中心会员单位一览表

公司名称	地　址	国家	电话	电子信箱	网　址	活动类型
A&M Minerals and Metals Ltd.	Apex Yard, 29-35 Long Lane, London SE1 4PL	英格兰	+44 20 7 940 0430	info@ amgroup. uk. com	http://www. amgroup. uk. com	贸易
A&R Merchants	3140 Emmons Avenue, Suite-4U, Brooklyn, NY 11235-1723	美国	+1718 790 7757	ronald. gilerman @ armerchants. com		贸易
A. S. Metallurgy (Liverpool) Ltd.	20 Sefton Business Park, Netherton, Liverpool L30 1RD	英格兰	+44 151 523 5438	alex. stewart@ alexstewartinternational. com	http://www. asmetallurgy. com	分析检验
ABS Industrial Resources	Harry Works, Glasshouse Road, Kilnhurst, Mexborough, South Yorkshire S64 5TH	英格兰	+44 1709 571717	craig@ absgroup. co. uk	http://www. absgroup. co. uk	原材料、合金及废料回收
Advanced Alloy Services Ltd.	Unit 4, Universal Crescent, N. Anston Trading Estate, North Anston, Sheffield S25 4NZ	英格兰	+44 1909 569930	afisher@ advancedalloys. co. uk	http://www. advancedalloys. co. uk	合金
Advanced Material Japan Corp.	9-13, Akasaka 1-chome, Minato-ku, Tokyo 107-0052	日本	+813 3560 5181	hi-yoshinaga@ amjc. co. jp	http://www. amjc. co. jp/English	贸易

续表 9-2

公司名称	地　址	国家	电话	电子信箱	网　址	活动类型
African Mining Metallurgical Group(AMMG)	1 Rohero Ave, B. P. 3377, Bujumbura	布隆迪	+257 7111 3822	ammg. info@ gmail. com		采矿
Alfred H. Knight International Ltd.	Eccleston Grange, Prescot Road, St Helens, Merseyside WA10 3BQ	英格兰	+44 1744 733757	dave. cross@ ahkgroup. com	http://www. ahkgroup. com	分析检验
AVX Ltd.	Long Road, Paignton, Devon TQ4 7ER	英格兰	+44 1803 697 294	william. millman @ eur. avx. com	http://www. avxcorp. com	电容器制造
B. W. Minerals Pty Ltd.	Suite 32, 44 Kings Park Road, West Perth, WA6005	澳大利亚	+61 8 626344 16	bwminerals@ westnet. com. au		贸易
BEH Minerals Sdn Bhd	4 3/4 Miles, Lahat Road, Locked Bag No 2, Post Office, Lahat, 31500 Perak	马来西亚	+60 5 321 4788	behminerals@ po. jaring. my		采矿
Camet Metallurgy Inc. (IAMGOLD Inc.)	1693 St-Patrick Street, Montreal, Quebec H3K 3G9	加拿大	+1 514 932 9993	c. dufresne@ camet. ca	http://www. iamgold. com	铌矿开采加工
CBMM	Avenida das Nações Unidas, 12. 901, 23° andar, Torre Oeste, Brooklin Novo, São Paulo-SP, CEP-04578-910	巴西	+55 11 3371 9222	isildo@ cbmm. com. br	http://www. cbmm. com. br	铌矿开采加工
Commerce Resources Corp.	Suite 1450, 789 Pender Street, Vancouver, British Columbia, V6C 1H2	加拿大	+1 604 484 2700	info@ commerceresources. com	http://www. commerceresources. com	采矿
Companhia Industrial Fluminense (Metallurg group)	Rodovia BR, km 94 - CP 91, Colonia de Marcal, Sao Joao del Rei-MG	巴西	+55 323 693 6100	iresende@ lsm. co. uk	http://www. metallurg. com	贸易、钽加工

续表 9-2

公司名称	地　址	国家	电话	电子信箱	网　址	活动类型
Conghua Tantalum & Niobium Smeltery	Chicao, Shen'gang, Taiping Town, Conghua, Guangdong Province, 510980	中国	+86 20 8780 7891	ctns@21cn. com	http://www. ctns723. com	加工
Crevier Minerals Inc.	1010 Rue de la Gauchetière Ouest, Bureau 680, Montreal, Quebec, H3B 2N2	加拿大	+1 514 518 1912	sbureau@ mdn-mines. com crevierminerals @hotmail. com		采矿
Cronimet Central Africa AG	Allmendstrasse 11, 6312 Steinhausen	瑞士	+41 41 748 51 34	candida. owens@ btinternet. com	http://www. cronimet. com	贸易
DM Chemi-Met Ltd.	Venturers House, King Street, Bristol BS1 4PB	英格兰	+44 117 915 4023	daisy@ dmchemimet. co. uk		贸易
Duoluoshan Sapphire Rare Metal Co.	South of Sihui Avenue, Sihui City, Guangdong, 526200	中国	+86 758 3619968	dlsnsy@ yahoo. com. cn dls_purchase@ 163. com		钽铌加工
Elite Material Solutions	17 Hayman Rise, Grange Farm, Milton Keynes, Buckinghamshire MK8 0ND	英格兰	+44 1908 506819	info@ elitematerial. com	http://www. elitematerial. co. uk	钽铌加工
Eramet	Tour Maine Montparnasse, 33 avenue du Maine, 75755 Paris Cedex 15	法国	+33 1 45 38 42 00	antoine. greco@ erametgroup. com	http://www. eramet. fr	有潜力的矿主
Ethiopian Mineral Development Share Company	P. O. Box 2543, Addis Ababa	埃塞俄比亚	+251 11 66 32290	eemindvt@ ethionet. et		钽矿开采
Exotech	1851 Blount Road, Pompano Beach, FL 33069	美国	+1 954 917 1919	mark@ exotech. com	http://www. exotech. com	废料回收

续表 9-2

公司名称	地　址	国家	电话	电子信箱	网　址	活动类型
F&X Electro-Materials Ltd.	Yaxi Industrial DevelopmentZone, Xinhui City, Guangdong	中国	+86 750 643 69 98	xyz@ uil. com. hk	http://www. fxelectro. com	加工
Firadec	Zone Industrielle de Brais, BP 194, F-44604 Saint Nazaire Cedex	法国	+33 240 012 651	claude. boudet@ sicsafco. com	http://www. firadec. fr	电容器制造
Fogang Jiata Metals Co., Ltd.	Chengnan Industrial Zone, Fogang County, Qingyuan City, Guangdong Province, 511600	中国	+86 20 38063586; +86 20 38063528	wulijue@ vip. 163. com	http://www. jycmetal. com	加工
GfE-MIR GmbH	(Berlin Office) Friedrichstrasse 95, 10117 Berlin	德国	+49 30 2060 9175/76	Irina. Kirschke@ gfe-duesseldorf. de	http://www. gfe-mir. de	贸易
Globe Metals & Mining Limited	P. O. Box 1811, West Perth, WA 6872; Level 1, Suite 2, 16 Ord Street, West Perth, WA 6005	澳大利亚	+61 8 9327 0700	info@ globemetal sandmining. com. au	http://www. globemetalsan dmining. com. au	有潜力的矿主
Heraeus Materials Technology GmbH & Co. KG (formerly W. C. Heraeus)	Postfach 1553, D-63405 Hanau	德国	+49 6181 351	wulf. kock@ heraeus. com	http://www. heraeus. com/	钽铌加工
Hi-Temp Specialty Metals, Inc	P. O. Box 2188, Willingboro, NJ 08046	美国	+1 609 877 8200	joesmokov@ aol. com	http://www. hi-tempmetals. com	废料回收
Honeywell Specialty Chemicals Seelze GmbH	Wunstorfer Str. 40, 30926 Seelze	德国	+49 5137 999 812	mattis. gosmann@ honeywell. com	http://www. honeywell. com	供应加工用化学品

续表 9-2

公司名称	地 址	国家	电话	电子信箱	网 址	活动类型
Jiujiang Jinxin Non-ferrous Metals Co.,Ltd.	Room 1101, Oriental Juno Tower, Changhong Road, 198,Jiujiang City, JiangxiProvince	中国	+86 792 8533982	jiujiang_jx@yahoo.com janny@jiujiangjx.com	http://www.jiujiangjx.com	钽铌加工
Jiujiang Tanbre Co Ltd.	P. O. Box 19, Jiujiang City, JiangxiProvince 332014	中国	+86 792 873 6566	import@jjtanbre.com.cn		钽铌加工
Kazatomprom, NAC	D. Kunayev st. 10, 010000 Astana	哈萨克斯坦	+7 717 2551398	shkolnik_v@kazatomprom.kz	http://www.kazatomprom.kz/eng	钽加工
Kemet Electronics Corp.	P. O. Box 5928, Greenville SC 29606	美国		capmaster@kemet.com	http://www.kemet.com	电容器制造
King-Tan Tantalum Industry Ltd. (formerly Gui-Family Tantalum-Niobium Ltd.)	Shishi, Yifeng, Jiangxi 336307	中国	+86 795 294 6833	tanb@king-tan.com	http://www.king-tan.com	加工
Kuala Ketil Metal Sdn Bhd	168 Lorong Bunga Raya 3/1A, Taman Cemara, Sungai Petani, 0800 Kedah	马来西亚	+60 44 233 999	buanseng@gmail.com		贸易
Malaysia Smelting Corporation	27 Jalan Pantai, 12000 Butterworth	马来西亚	+60 4 3333 500	msc@msmelt.com	http://www.msmelt.com	锡冶炼
Metal Do Co. Ltd.	5-6 Kyomachibori, 3-Chome, Nishi-ku, Osaka 550-0003	日本	+81 6 6448 5151	metaldo@raremetal.co.jp		贸易
Metalink International Co., Ltd.	4th floor, Silk Mansion, 472 East Zhong Shan Road, Nanjing, 210002	中国	+86 25 84799888	metalink@metalink.com.cn	http://www.metalink.com.cn	贸易、废料回收

续表 9-2

公司名称	地 址	国家	电话	电子信箱	网 址	活动类型
Metalysis Ltd.	Unit 2, Farfield Park, Manvers Way, Wath Upon Dearne, Rotherham S63 5DB	英格兰	+44 1709 872111	ian. margerison@ metalysis. com	http://www. metalysis. com	加工
Metherma KG	Arnheimerstrasse 109, 40489 Düsseldorf	德国	+49 211 4080840	molybdenum@ metherma. de		贸易
Mineração Catalão de Goiás Ltda (formerly Anglo American Brasil Ltda)	Av. Paulista, 2300-10th., Sao Paulo - SP, CEP 01310-300	巴西	+55 11 3226 8333	sergio. castanho@ angloamerican. com. br	http://www. angloamerican. com. br	铌矿开采加工
Mineração Taboca S. A.	Est. Dos Romeiros km49, Pirapora do Bom Jesus, Sao Paulo (SP)	巴西	+55 11 4131 9201	lpagnoncelli@ mtaboca. com. br	http://www. paranapanema. com. br	采矿
Mitsui Mining & Smelting Co. Ltd.	Gate City Ohsaki West Tower, 19th Fl., 1-11-1 Osaki, Shinagawa-Ku, Tokyo, 141-8584	日本	+81 3 5437 8094	t-iwai@ mitsui-kinzoku. co. jp	http://www. mitsui-kinzoku. co. jp/en	钽铌加工
Molycorp Silmet	Keskstr 2, 40231 Sillamäe	爱沙尼亚	+372 3929100	commerce@ silmet. ee	http://www. silmet. ee	铌加工
Morimura Bros., Inc.	Morimura Bldg., 3-1 Toranomon 1-chome, Minato-ku, Tokyo 105-8451	日本	+81 3 3502 2410	twatanabe@ morimura. co. jp	http://www. morimura. co. jp	贸易
MTU Aero Engines GmbH	Dachauerstrasse 665, 80995 München	德国	+49 89 1489 6966	robert. winter@ mtu. de	http://www. mtu. de/en/	使用合金
NEC Tokin	560 Nyuzen, Nyuzen-machi, Shimoniikawa-gun, Toyama 939-0626	日本	+81 765 72 5941	t-kono@ wm. jp. nec. com	http://www. nec-tokin. com	电容器制造

续表 9-2

公司名称	地　址	国家	电话	电子信箱	网　址	活动类型
New Material Corporation (formerly Mac Corporation)	3F, No 3 Yoshida Bldg, 3-13-4, Akasaka, Minato-ku, Tokyo 107-0052	日本	+81 3 6685 7798	k. tonami@ newmaterial. jp	http://www. newmaterial. jp	贸易
Nichicon Corp.	KarasumadoriOike-agaru, Nakagyo-ku, Kyoto 604-0845	日本	+81 75 231 8461	chijiki@ nichicon. co. jp	http://www. nichicon. co. jp	电容器制造
Ningxia OrientGroup, CNMC (中色(宁夏)东方集团公司)	P. O. Box105, ShizuishanCity, Ningxia753000	中国	+86 952 201 2012	guoh_nniec@ otic. com. cn	http://www. nniec. com	钽铌加工
Niotan, Inc.	16 Bruce Way, Mound House, NV 89706	美国	+1 775 246 4480	crawley@ niotan. com		加工
Pacific Ores Metals and Chemicals Ltd.	1006 Shing Chuen Industrial Building, 25 Shing Wan Road, Shatin, Hong Kong	中国	+852 31760583	acrawley@ pacificomc. com	http://www. pacificomc. com	贸易
Plansee SE	A-6600 Reutte	奥地利	+43 5672 600 2219	eduard. kotz@ plansee. com	http://www. plansee. com	加工
Plazaminerals	Cours de Rive 10, 1204 Geneva	瑞士	+41 22 732 3666	plazatour@ plazagroup. ch		贸易
Refractory Metals Mining Co., Ltd.	1008A Shing Chuen Industrial Building, 25 Shing Wan Road, Tai Wai, Shatin, Hong Kong	中国	+852 2601 0129	info@ rmmc. com. hk		采矿
Rexwell Mining Company Limited	6th Floor, IPS Building Samora Av. /Azikiwe Str., P. O. Box 79872, Dar-Es-Salaam	坦桑尼亚	+255 22 2124987; +7 9859696979	rte09@ mail. ru rexwelltz@ gmail. com		采矿

续表 9-2

公司名称	地　址	国家	电话	电子信箱	网　址	活动类型
Rittenhouse International Resources LLC	P. O. Box 547, Litchfield, CT 06759,	美国	+1 860 283 5700	dhenderson@ rittenhouseir. com		贸易
S. A. Minerals Ltd. Partnership	33PB, Rattanakosin View Mansion, Bangyikan, Bangplad, Bangkok 10700	泰国	+66 2 883 4207	yssyvr@ hotmail. com		钽矿开采、贸易
Sanyo Electric Co., Ltd.	25 Kowata-nishinaka, Uji City, Kyoto 611-8585	日本	+81 774 31 5818	nishimoto. hiroya@ jp. panasonic. com	http://www. panasonic. net/ sanyo/	电子
Shamika Resources Inc.	1980 Sherbrooke W. 1100, Montreal, Quebec H3H 1E8	加拿大	+1 514 931 9990	vivian@ shamika. ca	http://www. shamikaresources. com	刚果有潜力的矿主
Solikamsk Magnesium Works	St Pravda 9, 618500 Solikamsk, Permskay Region	俄罗斯	+7 34253 52448	sales@ smw. ru	http://www. smw. ru	钽铌加工
Sovereign International Metals & Alloys, Inc.	2550 Middle Rd., Suite 503, Bettendorf, Iowa 52722	美国	+1 563 355 2722	alloys@ simametals. net	http://www. simametals. net	贸易
Specialty Metals Trading SA	Rue Tenbosch 42A, 1050 Bruxelles	比利时	+32 2 626 17 00	philippe. lavagna@ smtrading. be		贸易
Standard Resources Corporation	1155 Marlkress Road, CherryHill, NewJersey 08003	美国	+1 856 489 5678	alberthayoun@ standardresources. us		贸易
Stapleford Trading Limited	Wayside, Stapleford Road, Stapleford Abbotts, Romford, Essex RM14 1EJ	英格兰	+44 1708 688 266	jim@ staplefordtrading. co. uk	http://www. staplefordtrading. co. uk	贸易
Starck Ltd., H. C.	Hamamatsucho Square 9F, 1-30-5 Hamamatsucho, Minato-ku, Tokyo 105-0013	日本	+81 3 5776 5054	yasukazu. muto@ hcstarck. com	http://www. hcstarck. com	钽加工

续表 9-2

公司名称	地 址	国家	电话	电子信箱	网 址	活动类型
Taike Technology (Suzhou) Co. Ltd.	No. 20ChengyangRoad, Suzhou Xiangcheng Economic Development Area, Suzhou, Jiangsu 215131	中国	+86 512 6576 0786	annali@ taike-sz. com	http://www. taike-sz. com	钽加工
Tantaline	Nordborgvej81, L3-V108, DK-6430 Nordborg	丹麦	+45 70 200 679	info@ tantaline. com	http://www. tantaline. com	加工
Tantalite Resources	POBox 436, Witkoppen 2068, Gauteng	南非	+27 11 513 0111	ulster1@ gmail. com		采矿、加工
Thailand Smelting & Refining Co. Ltd.	80 Moo 8 Sakdidej Road, 83000 Phuket	泰国	+66 76 391 118	tsr@ thaisarco. com	http://www. amcgroup. com /subsidiaries	锡冶炼
Tinco Investments Ltd. (formerly Abinger Trading Ltd.)	1st floor, 26 Mount Row, London W1K 3SQ	英格兰	+44 207 370 9150	brian@ tincogroup. com	http://www. tincogroup. com	贸易
Tosoh SMD, Inc.	3600GantzRoad, Grove City, Ohio 43123	美国	+1 614 875 7912	david. smathers@ tosoh. com	http://www. tosoh. com	加工
Trademet SA	P. O. Box 7B, 2 Place G. Baugniet, 1390 Grez-Doiceau	比利时	+32 10 84 18 37	freddy. muylaert@ trademet. be		贸易
Traxys	Route d' Arlon 19-21, 8009 Strassen	卢森堡	+352 459 999 321	frederic. delforge@ traxys. com	http://www. traxys. com	贸易
Treibacher Industrie AG	Division Powdermet, Auer von Welsbachstr. 1, 9330Treibach-Althofen	奥地利	+43 4262 505569	peter. hinterhofer@ treibacher. com	http://www. treibacher. com	生产碳化钽

续表 9-2

公司名称	地　址	国家	电话	电子信箱	网　址	活动类型
TVEL Corporation	49 Kashirskoe shosse, Moscow, 115409	俄罗斯	+7 495 988 82 82 (6306)	root@ tvel. ru	http://www. tvel. ru/	加工
Vishay	PO Box 87, Dimona 86100	以色列	+972 8 656 1201	Yehuda. Hogeg@ Vishay. com	http://www. vishay. com	电容器制造
Wah Chang	P. O. Box 460, Albany, Oregon 97321	美国	+1 541 967 6910	tony. nelson@ atimetals. com	http://www. wahchang. com/	铌加工
White Solder Ltda.	Rua Peru 1752, Vila Mariana, Ribeirão Preto, SP	巴西	+55 16 3512 5800	comex. tst@ whitesolder. com. br	http://www. whitesolder. com. br	铌矿开采
Yichun Jin Yang Rare Metals Co., Ltd.	Qingshuiqiao Lianggang Industrial Park, Yifeng Town, Yichun City, Jiangxi Province, 336300	中国	+86 795 2990070	ycjinyang@ hotmail. com	http://www. ycjinyang. com	加工
Zhuzhou Cemented Carbide Works	DiamondRoad, Zhuzhou, Hunan, China 412000	中国	+86 731 2826 3294	zccc@ china carbide. com	http://www. chinacarbide. com	碳化钽
Zimmer-Trabecular Metal Technology	10 Pomeroy Road, Parsippany, New Jersey 07054	美国	+1 201 818 1800 ext 123	joe. vargas@ zimmer. com	http://www. zimmer. com	在外科设备中用钽和铌

第四章　刊物——《钽铌工业进展》

《钽铌工业进展》是中国国内唯一的钽铌专业技术刊物，创刊于 1986 年，为行业内部刊物，由原国家经贸委副主任邱纯浦题写刊名，现由中色（宁夏）东方集团有限公司和稀有金属冶金学会钽铌冶金专业委员会主办，李彬任主任，编辑部设在中色（宁夏）东方集团有限公司。

刊物以钽铌金属的采选、冶炼、加工等工艺技术为主体。重点栏目有：综合评述、研究与应用、分析检测、专利技术、译文选编、行业信息动态等。

参 考 文 献

[1] 何季麟．钽铌及其合金材料[M]//中国材料工程大典（第5卷）:有色金属材料工程（下）．北京：化学工业出版社，2006：163～263.

[2] 王肇信，幸良佐，曾芳屏．钽铌冶金学[M]．稀有金属冶金学会钽铌冶金专业委员会，1998：182～299.

[3] 郭青蔚，等．现代铌钽冶金[M]．北京：冶金工业出版社，2009：2～528.

[4] 何季麟．新中国60年钽铌工业的发展[M]//新中国有色金属工业60年．中国有色金属工业协会．长沙：中南大学出版社，2009：1～472.

[5] 何季麟，张宗国．中国钽铌工业的现状与发展[J]．中国金属通报，2006：2～8.

[6] 郭青蔚．铌在钢铁工业中的应用[J]．稀有金属快报，2005，24（3）：31～33.

[7] 任俊，卢寿慈．世界铌资源概况及其特征[J]．有色矿冶，1997，5：1～3.

[8] 郑欣，等．航天航空用难熔金属材料的研究进展[J]．稀有金属材料与工程，2011，40(10):1871～1875.

[9] ZEITLIN B A. 低温铌基超导体的未来[M]//铌·科学与技术．北京：冶金工业出版社，2003：142～156.

[10] 韩建设，等．钽铌湿法冶炼的“三废”综合治理工艺探讨[J]．稀有金属与硬质合金，2005，33(4):55～59.

[11] 张浩．钽铌冶炼“三废”治理措施的探讨[J]．江西有色金属，2003，23(1):30～34.

[12] 周宏明，郑诗礼，张懿．钽铌湿法冶金技术概况及发展趋势探讨[J]．现代化工，2005，25(4):16～19.

[13] 王伟，李辉，郑培生．低品位钽铌原料的湿法冶金新工艺研究[J]．稀有金属快报，2008，27(4):31～36.

[14] 赵团．包头矿铌资源综合利用[R]. 2004：1～53.

[15] 东方钽业社会责任报告[R]. 2011～2012：1～13.

[16] 赵海田．中国钽铌行业知识产权保护现状[J]．钽铌工业进展，2015，1：1～7.
[17] 周少珍，孙传尧．钽铌矿选矿的研究进展[J]．矿冶，2002，11(增刊)：175～178.
[18] 中信微合金化技术中心编译．铌·科学与技术[M]．北京：冶金工业出版社，2003：35～44.
[19] 邵厥年，陶维屏．矿产资源工业要求手册[M]．北京：地质出版社，2012：12～155.
[20] Tantalum：Mining Journal[J]. 2010，9：2～5.
[21] Tantalum and Niobium primer[R]. JACOB Securities Inc. 2011-7-19：1～25.
[22] Niobium 101[R]. IAMGOLD，2012-12：1～8.
[23] The New Niobec Niobium Mine[R]. IAMGOLD，2012-03-07.
[24] U. S. Geological Survey. Niobium [R]. Mineral Commodity Summaries 2015：110～112.
[25] Niobium[M]//Japan Minerial Resource Yearbook 2014：179～184.
[26] 2011 Fact Book Other mining and industrial[R]. Anglo American plc.
[27] OLIVEIRA M，et al. 30 Years of Niobium Steel Development in China[C]//中国含铌钢技术发展30周年国际研讨会论文集(北京),2009，12：119～144.
[28] GRAHAM R A，et al. Niobium and niobium alloys in corrosive applications：1～19.
[29] T. I. C. Bulletin[J]. 2013，12(156).
[30] The New Niobec Niobium Mine[R]. IAMGOLD，2012-03-07.
[31] U. S. Geological Survey. Mineral Commodity Summaries 2012.
[32] WEBER L，et al. Mineral Production，World Ming Data[R]. Vienna 2014，26：159～207.
[33] BETHEL E，KU A. Niobium：A Bridge Between China and Brazil[R]. SinoLatin Capital，2010：4～6.
[34] Niobium-tantalum[R]. British Geological Survey，April 2011：1～27.
[35] GUPTA C K，et al. Extractive Metallurgy of Niobium[M]. Boca Raton，Florida：CRC Press，1993：11.

附录

附录一　64 种有色金属元素

64 种有色金属包括：铝、镁、钾、钠、钙、锶、钡、铜、铅、锌、锡、钴、镍、锑、汞、镉、铋、金、银、铂、钌、铑、钯、锇、铱、铍、锂、铷、铯、钛、锆、铪、钒、铌、钽、钨、钼、镓、铟、铊、锗、铼、镧、铈、镨、钕、钐、铕、钆、铽、镝、钬、铒、铥、镱、镥、钇、钪、硅、硼、硒、碲、砷、钍。

有色金属又分为轻金属、重金属、稀有金属、贵金属和其他有色金属。

（1）轻金属：7 种，铝、镁、钾、钠、钙、锶、钡（其中钾、钠、钙、锶、钡 5 种一般为化工系统的产品）。

（2）重金属：10 种，铜、铅、锌、镍、钴、锡、锑、铋、镉、汞。

（3）稀有金属：35 种，又细分为四类：

1）稀有轻金属 4 种（在稀有金属中密度最小）：锂、铍、铷、铯。

2）稀有难熔金属 8 种（在金属中熔点较高）：钨、钼、钽、铌、钛、锆、铪、钒。

3）稀散金属7种（矿体生成极为分散、且多为与其他矿物共生、非经准确的全分析不易发现）：镓、铟、铊、锗、硒、碲、铼（有的分法，将铼分为难熔金属）。

4）稀土金属16种（其氧化物似土，故名）：镧、铈、镨、钕、钐、铕、钆、铽、镝、钬、铒、铥、镱、镥、钇、钪。

（4）贵金属：8种，金、银、钌、铑、钯、锇、铱、铂。

（5）其他有色金属：4种，硅、砷、硼、钍。

附录二 元素周期表

周期	ⅠA	ⅡA	ⅢB	ⅣB	ⅤB	ⅥB	ⅦB	Ⅷ			ⅠB	ⅡB	ⅢA	ⅣA	ⅤA	ⅥA	ⅦA	
1	1 H 氢 1.0079																	2 He 氦 4.0026
2	3 Li 锂 6.941	4 Be 铍 9.0122											5 B 硼 10.811	6 C 碳 12.011	7 N 氮 14.007	8 O 氧 15.999	9 F 氟 18.998	10 Ne 氖 20.17
3	11 Na 钠 22.9898	12 Mg 镁 24.305											13 Al 铝 26.982	14 Si 硅 28.085	15 P 磷 30.974	16 S 硫 32.06	17 Cl 氯 35.453	18 Ar 氩 39.94
4	19 K 钾 39.098	20 Ca 钙 40.08	21Sc 钪 44.956	22 Ti 钛 47.9	23 V 钒 50.9415	24 Cr 铬 51.996	25Mn 锰 54.938	26 Fe 铁 55.84	27 Co 钴 58.9332	28 Ni 镍 58.69	29 Cu 铜 63.54	30 Zn 锌 65.38	31 Ga 镓 69.72	32 Ge 锗 72.59	33 As 砷 74.9216	34 Se 硒 78.9	35 Br 溴 79.904	36 Kr 氪 83.8
5	37Rb 铷 85.467	38 Sr 锶 87.62	39 Y 钇 88.906	40 Zr 锆 91.22	41 Nb 铌 92.9064	42Mo 钼 95.94	43 Tc 锝 97.99	44 Ru 钌 101.07	45 Rh 铑 102.906	46 Pd 钯 106.42	47Ag 银 107.868	48Cd 镉 112.41	49 In 铟 114.82	50 Sn 锡 118.7	51 Sb 锑 121.7	52 Te 碲 127.6	53 I 碘 126.905	54 Xe 氙 131.3
6	55 Cs 铯 132.905	56 Ba 钡 137.33	57-71 La-Lu 镧系	72Hf 铪 178.49	73 Ta 钽 180.947	74 W 钨 183.8	75 Re 铼 186.207	76 Os 锇 190.2	77 Ir 铱 192.2	78 Pt 铂 195.08	79 Au 金 196.967	80Hg 汞 200.5	81 Tl 铊 204.3	82 Pb 铅 207.2	83 Bi 铋 208.98	84 Po 钋 (209)	85 At 砹 (210)	86 Rn 氡 (222)
7	87 Fr 钫 (223)	88 Ra 镭 (226.03)	89-103 Ac-Lr 锕系	104Rf 𬬻 (261)	105Db 𬭊 (262)	106 Sg 𬭳 (263)	107Bh 𬭛 (264)	108 Hs 𬭶 (265)	109Mt 鿏 (268)	110 Ds 𫟼 (269)	111 Rg 𬬭 (272)	112Cn 鎶 (277)						

镧系	57 La 镧 138.905	58 Ce 铈 140.12	59 Pr 镨 140.91	60Nd 钕 144.2	61 Pm 钷 (147)	62Sm 钐 150.4	63 Eu 铕 151.96	64 Gd 钆 157.25	65 Tb 铽 158.93	66 Dy 镝 162.5	67Ho 钬 164.93	68 Er 铒 167.2	69Tm 铥 168.934	70 Yb 镱 173.0	71 Lu 镥 174.96
锕系	89 Ac 锕 (227)	90Th 钍 232.0381	91Pa 镤 231.03588	92 U 铀 238.02891	93 Np 镎 (237)	94 Pu 钚 (239.244)	95Am 镅 (243)	96 Cm 锔 (247)	97 Bk 锫 (247)	98 Cf 锎 (251)	99 Es 锿 (252)	100Fm 镄 (257)	101Md 钔 (258)	102 No 锘 (259)	103Lr 铹 (260)